AF536312

GEWALTFREIE KOMMUNIKATION MIT KINDERN

Der große Erziehungsratgeber für ein respektvolles Miteinander – inkl. vieler Techniken für eine optimale Eltern-Kind-Beziehung und Konfliktlösung

INHALT

Wieso sollten Kinder gewaltfreie Kommunikation so früh wie möglich erlernen?

Schon in jungen Jahren lernen Menschen, sich in sozialen Situationen zurechtzufinden. Dies beginnt bereits zu Hause beim Umgang mit den Eltern und wird im Kindergarten und in der Schule weitergeführt. Die Kommunikation ist von Beginn an dem Mittelpunkt der sozialen Welt eines Kindes und kann genauso erlernt werden, wie das Schreiben, Rechnen und Lesen in der Schule gelernt werden.

Lernen Kinder jedoch nicht den richtigen Umgang mit schwierigen Situationen, wie zum Beispiel mit Streitgesprächen, kann das auch im weiteren Leben zu Problemen führen. Der Umgang mit anderen Menschen wird deshalb häufig schon in Gesprächskreisen im Kindergarten und in der Grundschule thematisiert. Hier wird beispielsweise gelehrt, dass man seine Mitmenschen nicht schlagen oder beschimpfen darf.

Aber wie streitet man sich richtig? Und muss ein Konflikt gleich immer ein Streit sein? Kinder befinden sich noch in einer Entwicklungsphase. Ihre sozialen Fertigkeiten müssen früh trainiert werden, damit sie ausgebaut und angewendet werden können. Ein guter Umgang mit seinen Mitmenschen kann dafür sorgen, Freundschaften und andere positive Beziehungen aufrechtzuerhalten. In diesem Buch werden Sie erfahren, was genau die gewaltfreie Kommunikation ist, wieso sie so wichtig ist und wie man sie Kindern am besten lehren kann. Sie lernen die Theorien hinter der gewaltfreien Kommunikation und die vier Seiten einer jeden Äußerung kennen.

Wieso verstehen wir einander manchmal falsch? Und wie kann man dem entgegenwirken? Dieses Buch bietet Ihnen praktische Übungen, Interventionsmaßnahmen und Vorschläge zu einer kindergerechten Vermittlung der gewaltfreien Kommunikation. Dies kann zu einem besseren Klima im Kindergarten, in der Schule und auch Zuhause führen.

Die Themen dieses Buches und der Aufbau

Sie lesen dieses Buch, weil Sie Kindern die gewaltfreie Kommunikation lehren und sie selbst erfolgreich anwenden möchten. Um zu verstehen, was sich hinter den Worten „Gewaltfreie Kommunikation“ verbirgt, werden sich die ersten Kapitel mit theoretischen Grundlagen befassen. Sie werden erfahren, in welche Schritte Marshall B. Rosenberg die gewaltfreie Kommunikation geteilt hat, wie man sie am besten anwendet und wie man sie üben kann.

Danach werden Sie über Konflikte, Missverständnisse und über das Phänomen der Empathie informiert. Welche Grundsätze sind bei einem Gespräch zu beachten? Was hilft, wenn man sich von seinen eigenen Gefühlen überfordert oder überrannt fühlt? Wie können Sie gewaltfrei schweigen, schreien und mit sich selbst umgehen?

Gewaltfreie Kommunikation ist nicht nur eine Art des Kommunizierens, sondern eine Philosophie für sich. Sie kann das Leben und die Erziehung der eigenen Kinder bereichern und erleichtern. Bei der gewaltfreien Kommunikation geht es um Einfühlsamkeit, Menschlichkeit und Harmonie. Es geht darum, unsere ursprünglichen menschlichen Instinkte des Zusammenhaltens, Zusammenarbeitens und Zusammenwachsens wieder aufleben zu lassen.

Lesen Sie dieses Buch also nicht, wenn Sie danach streben, dass Ihr Sohn oder Ihre Tochter das tut, was Sie wollen. Lesen Sie dieses Buch, um selbstbewusste und selbstständige Menschen zu erziehen, die eigene Erfahrungen machen. Lesen Sie dieses Buch, um zu lernen, mit anderen Menschen respektvoll umzugehen, sie zu hören und zu verstehen. Lernen Sie die Magie der Empathie und die Hintergründe des Begriffs der gewaltfreien Kommunikation kennen.

Dieses Buch begleitet Sie auf Ihrem Weg mit praktischen Übungen und hilft Ihnen, den Umgang mit schwierigen Situationen zu reflektieren und die Methoden im Alltag mit Ihren Kindern umzusetzen. Auch ist dieses Buch nicht nur für Eltern gedacht. Sind Sie eine Lehrerin oder ein Lehrer? Sind Sie eine Erzieherin oder ein Erzieher? Oder sind Sie anderweitig im sozialen Dienst tätig? Dann ist dieses Buch auch für Sie geeignet.

Was ist Kommunikation eigentlich?

Hört man das Wort „Kommunikation“, denkt man sofort an Worte. Vielleicht denkt man an Sätze, an Bitten, Fragen oder Befehle. Man denkt sicher an Sätze wie „Räum bitte dein Zimmer auf!“ oder an Fragen wie „Was gibt es heute zu essen?“.

Doch Kommunikation ist sehr viel schichtreicher als nur Sätze und aneinander gereihte Wörter. Kommunikation kann verbal sein, aber auch non-verbal, was bedeutet, dass keine Worte zum Einsatz kommen. Zu der non-verbalen Kommunikation gehört beispielsweise die Mimik oder die Gestik einer Person beim Sprechen. Während also ein Satz wie „Ich möchte mitspielen!“ verbale Kommunikation ist, kann der Gesichtsausdruck während des Aussprechens die Aussage untermauern und verdeutlichen. Das kann ein Lächeln, aber auch ein grimmiges Gesicht sein. Auch Aggressionen und schlechte Laune können über den Weg der Körpersprache vermittelt werden.

Des Weiteren gilt die paraverbale Kommunikation als eine zu beachtende Kommunikationsform. Sie thematisiert das Gesagte zwischen den Zeilen. Dazu gehören zum Beispiel die Tonlage oder die Sprechpausen sowie die Melodie der Stimme oder der Resonanzraum. Mit der paraverbalen Ebene können weitere Details der Kommunikation erkannt werden. Ist der Satz als Scherz gemeint oder ist es eine Anklage?

Kommunikation findet also in verschiedenen Dimensionen statt. Sie kann verbal sein, zum Beispiel durch das Aussprechen eines Satzes wie „Ich bin wütend!“. Sie kann non-verbal sein, indem man bei der Aussage beispielsweise die Hände zu Fäusten ballt. Genauso kann sie aber auch paraverbal sein, wenn die Tonlage die Aussage verstärkt. Wird ein Satz zitternd oder gelassen ausgesprochen? Und was heißt dies in Bezug auf die Situation?

Schon im Kindesalter erlernt jeder Mensch das Kommunizieren.

Man lernt, Kommunikation zu lesen und auf sie zu reagieren. Man weiß zum Beispiel nach einer Zeit, dass man jemanden tröstet, wenn er weint. Man weiß, was jemand meint, wenn er sagt, dass er mitspielen möchte. Man lernt, ganz unbewusst und instinktiv, die Körpersprache seiner Mitmenschen zu lesen und zu interpretieren.

Kommunikation gilt vom Anfang des Lebens an als ein bedeutsamer Faktor. Menschen sind soziale Wesen und bemühen sich, enge Beziehungen zu anderen Personen aufzubauen, um nicht allein zu sein. Das Verhältnis zwischen zwei Menschen ist auch durch die Art der Kommunikation zu differenzieren. Beispielsweise sprechen Menschen mit ihrem Lehrer auf eine andere Weise als mit ihren besten Freunden. Diesen Mechanismus erlernt man im Laufe des Lebens, unter anderem durch Hinweise der Eltern wie „So sprichst du vielleicht mit deinen Freunden, aber nicht mit uns!".

Kinder lernen sich an soziale Situationen anzupassen, indem sie schnell eine komplexe Gegebenheit verarbeiten und verstehen. Dies führt sie dazu, sich so zu verhalten, dass sie akzeptiert und gemocht werden oder nicht auffallen.

Sicher ist Ihnen auch schon einmal aufgefallen, dass Sie Ihre Körperhaltung schon allein immer dann ändern, wenn Sie sich im Raum mit einer Autoritätsperson befinden. Kommunikation ist der Klebstoff, der menschliche Beziehungen formt und aufrechterhält, der aber auch zu deren Zerbrechen führen kann.

Man kann sich missverstehen oder das Gesagte falsch interpretieren. Wenn man den anderen beschimpft, beschuldigt oder dessen Kommunikationsversuche ignoriert, bewirkt dies meist eine eher schlechtere zwischenmenschliche Bindung. Um seine Ziele zu erreichen und positive Beziehungen zu führen, ist eine gute Kommunikation die Grundlage.

Ein Teil jedoch wird oft nicht beachtet, wenn man seinen Kindern oder Schülern das Kommunizieren mit anderen beibringt: Wie man gewaltfrei mit seinen Mitmenschen kommuniziert. Bezüglich der Art der

Kommunikation passen sich Kinder ihren Vorbildern und Bezugspersonen an, welche jedoch häufig nicht gewaltfrei kommunizieren. Demzufolge kommunizieren auch Kinder meist nicht gewaltfrei, da sie den Unterschied zwischen gewaltfreier und gewaltvoller Kommunikation gar nicht kennenlernen.

Worte können nicht wehtun? Doch, das können sie. Und Kommunikation kann genauso gewaltvoll sein, wie sie auch gewaltfrei sein kann. Diese Tatsache sollten Kinder am besten schon in jungen Jahren erkennen.

Wieso versteht man andere überhaupt?

Kommunikation hat laut einem bekannten Modell, dem Sender-Empfänger-Modell nach Shannon und Weaver, verschiedene Komponenten. Demnach gibt es einen Sender, welcher beispielsweise ein Mensch sein kann. Dieser möchte dem Empfänger, zum Beispiel einem anderen Menschen, mithilfe eines Kommunikationskanals wie der deutschen Sprache eine Information zukommen lassen. Der Empfänger erhält diese Nachricht, wenn er sie verstehen kann und dem Inhalt Aufmerksamkeit schenkt. Beherrscht jemand also die deutsche Sprache nicht, wird er auch einen deutschen Satz nicht verstehen können.

Sender hat Information → codiert sie in eine Nachricht → reicht sie durch Kommunikationskanal weiter → Empfänger erhält Nachricht → decodiert sie wieder zur Information

Kommunikation kann aber auch unterbrochen werden, beispielsweise wenn der Sender die Nachricht nicht vollständig äußert oder äußern kann, wenn der Empfänger sie nicht oder nur einen Teil des Ganzen versteht oder nicht zuhört. Es kann auch passieren, dass ein Empfänger den Sender nicht versteht, da er das fachliche Wissen, welches er zum Verständnis des Kommunizierten benötigt, nicht hat. Spricht also ein Mathematikprofessor an einer Universität in einer Vorlesung über Statistik, kann er nur verstanden werden, wenn ein Vorwissen bezüglich der Grundlagen zum Thema Statistik vorhanden ist oder wenn die Fähigkeit besteht, mathematische Systeme schnell zu verstehen. Es geschieht nicht selten, dass Schülerinnen und Schülern in der Schule den Anschluss verlieren, weil die Kommunikation an einer Stelle abgebrochen ist. Dies passiert beispielsweise dann, wenn ein Kind zu Hause so viel Stress hat, dass es während des Unterrichts an nichts als an diese Situation denkt und daher abgelenkt ist. Demzufolge hört es dem Lehrer weniger zu und versteht zunehmend weniger von den gelehrten Inhalten. Dies kann dazu führen, dass ein Grundwissen fehlt, welches für die folgenden Unterrichtseinheiten benötigt würde, weshalb es immer schwieriger wird, den Anschluss wieder zu finden.

Kommunikation ist deshalb nicht immer erfolgreich. Sätze, die man sagt, können untergehen, falsch verstanden werden oder nie richtig verarbeitet werden, weil der Gesprächspartner gerade an andere Sachen denkt. Besonders nach einem anstrengenden Tag kann es häufig passieren, dass jemand missverstanden wird oder selbst missversteht. In diesen Fällen ist die Energie und somit auch die Auffassungsgabe so geschwächt, dass man zwar zuhören, nicht aber das Gehörte verarbeiten und verstehen kann. Missverständnisse sind in vielen Fällen der Grund für die Entstehung von Konflikten.

Was ist gewaltfreie Kommunikation und was unterscheidet sie von gewaltvoller Kommunikation?

Die gewaltfreie Kommunikation ist ein System, welches von Marshall B. Rosenberg entworfen worden ist. Es soll ein Leitfaden zur erfolgreichen Kommunikation sein und Konflikte produktiv und respektvoll lösen.

Besonders wichtig bei der gewaltfreien Kommunikation sind die vier Schritte, die als Rahmen zur Bearbeitung von Problemen genutzt werden.

Schritt 1: Beobachten
Schritt 2: Gefühle äußern
Schritt 3: Bedürfnis benennen
Schritt 4: Bitte formulieren

WAS IST GEWALTFREIE KOMMUNIKATION NICHT?

Man kommuniziert nicht gewaltfrei, wenn man andere anschreit, beleidigt oder seinem Gegenüber Vorwürfe macht. Auch das Ignorieren und das Vermeiden eines Konflikts ist nicht im Sinne der gewaltfreien Kommunikation. Im Allgemeinen zählen also destruktives, respektloses und abwertendes Verhalten nicht zur gewaltfreien Kommunikation. Zudem gelten eine emotionale Manipulation oder der Zwang, bestimmte Handlungen auszuführen, keineswegs als gewaltfrei.

Die gewaltfreie Kommunikation, die auch einfühlsame Kommunikation genannt wird, zeichnet sich dadurch aus, dass offen über das persönliche Befinden und die eigenen Bedürfnisse gesprochen wird. Man soll also über den Konflikt direkt sprechen, wobei ein respektvoller und freundlicher Ton zu beachten ist. Zudem hört man dem anderen genau zu und bringt ihm Empathie entgegen. Dies stärkt das Verständnis und hilft Konflikte und schwierige Situationen zu lösen.

Das Modell der gewaltfreien Kommunikation regt zum Austausch untereinander an und sieht Konflikte nicht gleich als Problem. Eine schwierige Situation soll stattdessen eher als genau das erlebt werden, was sie ist: eine schwierige, aber nicht unlösbare Situation, die zunächst erst nur aus einer Sichtweise erlebt wird. Erst der Perspektivwechsel und die Reflexion im Rahmen der gewaltfreien Kommunikation können dabei helfen, die andere Seite zu verstehen.

Die vier Schritte der gewaltfreien Kommunikation

Der Vorgang der gewaltfreien Kommunikation ist in vier Schritte aufgeteilt. Das Ordnen der Schritte und die dazugehörigen Merkmale sollen das Kommunizieren erleichtern.

In jeder Phase des Kommunizierens kann ein Konflikt aufgelöst, gestoppt, aber auch verhindert werden. Das respektvolle Kommunizieren mit Blick auf das Gegenüber hilft demnach dabei, dass eine schwierige Situation sich nicht zu einem Streit entwickelt.

Die im Folgenden erklärten Schritte hängen unmittelbar miteinander zusammen. Sie dienen dazu, dass Menschen den Prozess der gewaltfreien Kommunikation besser nachvollziehen können und das Ziel nicht aus den Augen verlieren.

SCHRITT 1: BEOBACHTEN

In der ersten Phase der gewaltfreien Kommunikation geht man einen Schritt zurück. Man blickt hier, so objektiv wie es möglich ist, auf das Verhalten des anderen. Vielleicht stört es einen, dass der andere immer zu spät kommt.

„Du kommst immer zu spät!"

Dieser Satz klingt für das Gegenüber jedoch eher nach einer wütenden Anschuldigung und sorgt nun eher dafür, dass sich der Gesprächspartner rechtfertigen will. Er passt sich dabei dem Gesprächston des anderen an.

„Ich arbeite ja auch mehr als du!"

Durch diese Reaktion kann ein Streit entstehen, der einfach hätte verhindert werden können.

Beim Beobachten ist es wichtig, sich darüber im Klaren zu sein, dass man nie objektiv sein kann. Man hat immer einen persönlichen Blickwinkel auf die Situation, sieht die eigene Perspektive als die richtige an und findet schwer Verständnis für das Verhalten des Gegenübers. Demnach gilt es sich der Tatsache bewusst zu sein, dass der eigene Standpunkt subjektiv ist.

Wieso kommt er denn auch immer zu spät? Man selbst ist immer pünktlich, da kann der andere ja wohl gefälligst auch dann da sein, wenn man sich schon mal verabredet hat! Man redet sich schon in Rage, ohne es wirklich zu merken.

Kommt der andere wirklich immer zu spät? Oder war das jetzt das dritte Mal? Hatte er nicht letzte Woche erst gesagt, dass er in letzter Zeit so schlecht durch den Verkehr kommt? Aber wieso sagt er das denn dann nicht?

Und auf einmal bemerkt man, dass einen gar nicht die Tatsache stört, dass das Gegenüber häufig zu spät kommt, sondern dass man gern eine Entschuldigung hören möchte.
Was ist wirklich das Problem?

Der erste Schritt der gewaltfreien Kommunikation lädt dazu ein, genau diese Frage zu erforschen.

Bevor man das Gegenüber mit der Aussage, dass es immer zu spät ist, angreift, atmet man tief durch und blickt anders auf die Situation. Um das Verhalten anzusprechen, beschuldigt man den anderen nun nicht, sondern beschreibt aus der Ich-Perspektive, wie sich eine Situation für einen selbst anfühlt: „Mir ist aufgefallen, dass du zu den letzten Treffen zu spät gekommen bist."

Wichtig sind jedoch nicht nur die gesprochenen Worte, sondern auch der Tonfall. Schon im ersten Schritt sollte man freundlich und ruhig sein. Es ist nicht schlimm, wenn man aufgeregt ist oder dann doch etwas kratzig klingt. Das Wichtigste ist, dass man auf Versöhnung aus ist. Man möchte den anderen nicht an den Pranger stellen, sondern einfach äußern, was einem aufgefallen ist, um dann das Verhalten zu begründen.

Der erste Schritt der Beobachtung muss keine Frage sein. Meist reicht eine Aussage, die dann beim Gesprächspartner als ein Denkanstoß wirkt.
Die Regeln für den ersten Schritt können wie folgt zusammengefasst werden:

Regel 1: Auch wenn man meint, man sei absolut im Recht, sollte man sich im Klaren darüber sein, dass man nur einen Teil der Geschichte kennt.

Regel 2: Man sollte Wörter wie „immer", „nie" und „alle" vermeiden. Sie lösen beim Gesprächspartner nur den Willen aus, sich zu verteidigen und führen nicht zu einer konstruktiven Konfliktbearbeitung oder einer Lösung.

Regel 3: Die Intention der Beobachtung ist wichtig. Sie sollte neugierig und wohlwollend formuliert und betont sein.

Regel 4: Auch wenn man den Satz gern mal mit „Du…" beginnt, sollte besser auf eine Ich-Botschaft wie „Ich habe bemerkt…" oder Ähnliches zurückgegriffen werden. Das fühlt sich für den Gesprächspartner dann weniger wie ein Vorwurf an und sorgt für die Vermeidung des Drucks, den ein Du-Satz mit sich bringen kann.

Regel 5: Je nach Situation kann man die Beobachtung als eine Frage oder eine Aussage formulieren, zum Beispiel entweder: „Mir ist aufgefallen, dass du zu den letzten Treffen zu spät gekommen bist." oder: „Kann das sein, dass du zum letzten Treffen auch zu spät warst?" Auf der sicheren Seite ist man jedoch mit einer Aussage, denn eine Frage kann bei bestimmten Tonlagen anklagend klingen. Auch wenn man denjenigen gern anklagen und beschimpfen möchte, ist es besser, sich langsam an das Gespräch ran zu tasten und vorsichtig zu sein.

Stattdessen beschreibt man eine konkrete Situation und nennt nur ihre äußeren Komponenten.

Beispiel: „Adam ist ein schlechter Mensch."
Umformulierung: „Adam nimmt anderen Kindern ihr Spielzeug weg und macht es kaputt."
So verhindert man es unbewusst, dass man seine eigene Meinung oder die Erwartungen anderer in den ersten Schritt einbringt.

Zur bewertungsfreien Beobachtung sind drei Tipps zu beachten:

Tipp 1: Adjektive (Wie-Wörter) so gut wie möglich auslassen. Beispiel: „Du bist hastig gerannt." umformulieren zu „Du bist gerannt."

Tipp 2: Einen Schritt zurücktreten und alles aus einer Vogelperspektive sehen. Was würde ein Vogel sehen, wenn er auf die Situation schaut? Er sieht zum Beispiel einen Menschen, der Klavier spielt und der andere steht daneben.
Tipp 3: Starke Emotionen nicht unterdrücken, sondern sie registrieren und ihnen versprechen, sich später um sie zu kümmern. Auf diese Art und Weise verhindert man große Frustration.

SCHRITT 2: GEFÜHLE SCHILDERN

Während es im letzten Schritt um das beobachtete Verhalten des anderen ging, geht es in diesem Schritt nur um die eigenen Gefühle.

Der Sender der Nachricht soll in dem zweiten Schritt der gewaltfreien Kommunikation seine eigenen Emotionen in Bezug auf die jetzige Situation äußern.

Im Fall des unpünktlichen Freundes oder Familienmitglieds wäre das beispielsweise: „Ich fühle mich nicht wichtig, wenn du einfach zu spät kommst und dich dann nicht entschuldigst. Das macht mich manchmal sehr wütend und das will ich nicht sein, weil ich dich schätze und du mir wichtig bist."

Dieser Schritt ist sehr wichtig, um auf eine gemeinsame Ebene zu kommen. Während man sich im ersten Schritt erst einmal positioniert, indem man den Rahmen der Kommunikation setzt, stellt man sich nun, natürlich symbolisch, nahe an das Gegenüber heran. Man sagt ganz ehrlich was man fühlt und bleibt dabei nur bei sich selbst. Man soll hierbei also dem Gegenüber keine Gefühle zuschreiben wie zum Beispiel: „Dir ist es wohl egal, ob wir befreundet sind!". Stattdessen bleibt man bei der eigenen emotionalen Innenwelt und gibt den Einblick ohne Erwartungen frei. Man erwartet also in diesem Moment nicht, dass der andere ebenfalls seine Emotionen äußert oder nun etwas tun wird. Man wird nur seine eigenen Gedanken los und macht seinem Ärger Luft.

Das löst beim anderen eine besondere Form des Verstehens aus. Denn wirklich zu wissen, worum es hier eigentlich geht und wieso es wichtig ist, den Konflikt zu klären, ist die zentrale Grundlage in der gewaltfreien Kommunikation. Es geht hier also nicht darum, dass man selbst erwartet, dass der andere immer pünktlich ist. Man selbst war sicherlich auch schon mal zu spät. In diesem Schritt soll vielmehr darüber gesprochen werden, dass es einen verletzt, wenn der andere sich nicht entschuldigt.

Was der Gesprächspartner mit dieser Information macht, ist seine Entscheidung. Möchte er den Konflikt also klären, kann er darauf eingehen.

Er kann sagen, dass er die Gefühle des Gesprächspartners versteht. Ein einfaches „Ich verstehe das." oder ein „Das kann ich mir gut vorstellen. So würde ich mich wahrscheinlich auch fühlen." ist der erste Schritt in die richtige Richtung.

Die Regeln für den zweiten Schritt können wie folgt zusammengefasst werden:

Regel 1: Man sollte ehrlich sein, denn der andere wird es merken, wenn man nicht hinter dem steht, was man sagt. Dies kann wiederum auf dieselbe Reaktanz (Widerstand) stoßen, wie sie auch bei Anschuldigungen entstehen kann.

Regel 2: Die Gefühle sollten in sogenannten Ich-Botschaften verpackt sein. Statt also „Dein Verhalten ist einfach unmöglich!" zu sagen, kann man das Ganze so formulieren: „Mich macht es wütend, wenn du dich nicht dafür entschuldigst."

Regel 3: Man sollte dem anderen deutlich machen, dass man eine Lösung finden möchte und deshalb auch sagt, was man fühlt, wenn sich der andere auf eine bestimmte Art und Weise verhält. Situationen können gelockert werden, wenn man in seinen Aussagen nach der Erläuterung des aktuellen Gefühls einen Wunsch benennt wie beispielsweise: „Ich werde wütend, wenn du dich nicht entschuldigst. Und ich möchte das nicht sein, weil ich dich schätze und du mir wichtig bist." Somit wird das Gegenüber an den „Preis" erinnert. Man möchte also wieder zum alten Verhältnis zurückkehren und keine Steine zwischen sich liegen haben.

Regel 4: Unbedingt sollte man bei sich selbst und seinen Gefühlen bleiben. Es kann passieren, dass man in die „Du findest doch sicher auch, dass ..." oder die „Du denkst sicherlich, dass..."-Richtung abschweift. Bei diesem Schritt sollte man jedoch besonders darauf achten, dies zu vermeiden, denn hier soll es primär um die eigene Wahrnehmung gehen. Was der andere wohl denkt oder daran findet, interessiert hier nicht. In diesem Schritt soll nur deutlich gemacht werden, welche Gedanken und Gefühle einen selbst beschäftigen.

Welche Gefühle gibt es überhaupt?

Wie jedoch soll man etwas erkennen, wenn man nicht einmal weiß, was es ist? Es gibt viele Gefühle und auch wenn einige immer genau wissen, wie sie sich gerade fühlen, haben andere Probleme damit, das Gefühl zu benennen. Manchmal ist es nicht nur eines, sondern eine Menge an Emotionen. Wenn diese aufeinander liegen oder sich fälschlicherweise als andere ausgeben, können sie nur schwer erkannt werden.

Es gibt viele Theorien zu dem Thema der Emotionen. Eine differenziert die Grundemotionen wie folgt:

Ärger und Wut: Diese Emotion entsteht, wenn Menschen sauer sind, wenn sie jemanden oder etwas hassen, wenn sie eifersüchtig, bösartig oder rachsüchtig sind, Verachtung für jemanden oder etwas empfinden, Intoleranz etwas oder jemandem gegenüber aufweisen, sadistisch sind (also daran Freude haben, jemandem Schaden zuzufügen), entnervt, feindselig, aggressiv, kritisch oder aufgewühlt sind, sich zurückgewiesen fühlen und Neid empfinden.

Angst: Diese Emotion entsteht, wenn Menschen besorgt sind, eine Phobie haben, sich hilflos fühlen, vorsichtig oder verklemmt sind, sich zerbrechlich fühlen, feige, misstrauisch, eingeschüchtert oder entmutigt sind.

Ekel: Diese Emotion entsteht, wenn Menschen Abscheu empfinden, sich jemand taktlos verhält oder jemand unmoralisch handelt.

Freude: Diese Emotion entsteht, wenn Menschen stolz, euphorisch, unternehmungslustig, fröhlich, glücklich, gesellig, unbekümmert oder auch zufrieden sind.

Liebe: Diese Emotion entsteht, wenn Menschen zärtlich oder leidenschaftlich sind, Dankbarkeit empfinden, jemanden oder etwas anerkennen, sich mit jemandem oder etwas verbunden fühlen, jemanden oder etwas sympathisch finden, vertrauen, von etwas emotional berührt oder angezogen werden oder wenn sie jemandem oder etwas zugeneigt sind.

Scham: Diese Emotion entsteht, wenn Menschen sich unwürdig oder schuldig fühlen und Reue empfinden.

Traurigkeit: Diese Emotion entsteht, wenn Menschen unglücklich, betrübt, weinerlich, einsam, enttäuscht oder deprimiert sind, sich verzweifelt fühlen und jammern.

Überraschung: Diese Emotion entsteht, wenn Menschen verwirrt, neugierig, fasziniert sind oder wenn jemand sich ihnen gegenüber zuvorkommend verhält.

SCHRITT 3: BEDÜRFNISSE

Der dritte Schritt bezieht sich auf die eigenen Bedürfnisse. Was stört einen und wieso stört es einen? Man kann sich bei diesem Schritt auf die neun Grundbedürfnisse nach Rosenberg beziehen, die im nächsten Unterkapitel thematisiert werden.

Besonders wichtig ist, dass man auch hier wieder bei sich selbst bleibt und den Wunsch daher nicht als Befehl oder Drohung äußert, sondern versöhnlich und ehrlich ist.

Wenn wir bei unserem Beispiel mit dem Gesprächspartner, der zu spät zum Treffen gekommen ist, bleiben, könnte das in etwa so aussehen: „Ich würde mir wünschen, dass du, wenn du zu spät gekommen bist, dich bei mir entschuldigst oder mir die Situation erklärst., da ich sonst denke, dass dir unsere Freundschaft nicht wichtig ist."

Damit ist klar gemacht, dass man sich um die Bedeutung sorgt, die man für den anderen hat. Um diesen Schritt zu vollziehen, muss man nicht die neun Grundbedürfnisse laut Rosenberg kennen, da das eigene Bedürfnis sich nach einer Zeit des Nachdenkens offenbart. Jedoch hilft es, bei Schwierigkeiten der Formulierung, die Liste zur Hand zu nehmen und sich die Grundbedürfnisse durchzulesen. So kann man abtasten und feststellen, welches von diesen sich richtig und passend in dieser

Situation anfühlt.

Wie schon beim zweiten Schritt wird man auch hier erleben, dass das Äußern der eigenen Bedürfnisse das Spiegeln dieses Verhaltens beim Gesprächspartner erzeugt. Auch dieser wird, wenn ihm die Klärung des Konflikts wichtig ist, seine eigenen Bedürfnisse offenlegen.

Die neun Grundbedürfnisse erklärt

Marshall E. Rosenberg formuliert neun Grundbedürfnisse, die unser Verhalten beeinflussen. Ist eines der Grundbedürfnisse nicht befriedigt, kommt es zu einer Unzufriedenheit. Das kann sich anhand eines leichten Unwohlseins bis hin zu emotionalen oder körperlichen Schmerzen äußern. Um zu wissen, wieso man auf eine Aussage oder eine Handlung einer Person abweisend oder verletzt reagiert, muss man wissen, welches der neun Grundbedürfnisse unbefriedigt geblieben ist.

Das erste Grundbedürfnis und zugleich das wichtigste, was Rosenberg beschreibt, ist das Bedürfnis nach Selbsterhaltung oder physischer Existenz. Dies bedeutet im Expliziten, dass jeder Mensch leben möchte und die dazu notwendigen Mittel braucht. Jeder muss trinken, essen, schlafen, atmen und man braucht die Einstrahlung des Sonnenlichts. Dieses Bedürfnis wird verletzt oder bleibt unbefriedigt, wenn ein Mensch Hunger oder Durst hat, aber auch, wenn er nicht genug geschlafen hat oder lange in einem stickigen dunklen Raum war. Dies kann wiederum zu einer schlechten Stimmung führen. Um dieses Bedürfnis zu befriedigen, sollte man darauf achten, was einem der eigene Körper sagt. Man sollte also essen, wenn man Hunger hat, trinken, wenn man durstig ist, und schlafen, wenn man müde ist. Es geschieht nicht selten, dass Personen einen Streit beginnen, der so eigentlich nicht passiert wäre, wenn man vorher genügend gegessen oder geschlafen hätte. Es ist immer hilfreich, vor einem hitzigen Streit in sich hinein zu hören und festzustellen, ob man vielleicht nur wütend ist, weil man Hunger hat. Dies während eines Gesprächs zu äußern, hilft meistens schon und sorgt beim anderen für Verständnis. „Nichts gegen dich, ich habe einfach gerade nur Hunger.

Lass uns darüber reden, wenn ich was gegessen habe."

Das zweite Bedürfnis laut Rosenberg ist das Bedürfnis nach Sicherheit. Hierbei kann es um den Schutz der Familie, die finanzielle Stabilität und die politische Sicherheit des Landes gehen. Bei diesem Bedürfnis ist es schon mal schwerer, es zu befriedigen, da nicht immer alles erreichbar ist. Besonders in Ländern, in denen Unruhen herrschen, sowie in ärmeren Regionen haben viele Menschen oft ein nicht befriedigtes Bedürfnis nach Sicherheit. Im Falle des zu spät Kommens, kann dieses Bedürfnis zum Beispiel in Gefahr sein, wenn das zu spät Kommen bedeutet, eine Arbeitsstelle zu verlieren und somit nicht genug Geld zum Leben zu haben.

Das dritte Bedürfnis ist das Bedürfnis nach Empathie. Empathie ist das Einfühlungsvermögen. Es ist eine wichtige Eigenschaft des menschlichen Miteinanders, da es Menschen ermöglicht, sich in die andere Person hinein zu versetzen und ihr Denken und Empfinden nachzuvollziehen. Wir können uns deshalb vorstellen, dass es schwierig sein muss, in Armut zu leben oder sich allein und ausgestoßen zu fühlen. Durch diese Fähigkeit funktioniert der zweite Schritt der gewaltfreien Kommunikation überhaupt. Könnten wir uns nicht vorstellen, wie sich ein Gefühl anfühlt, würde es nichts bringen, anderen von unseren zu erzählen. Menschen wollen sich verstanden fühlen und nicht lediglich im kognitiven Sinne gesehen und gehört werden. Man möchte, dass andere Personen Wege, Regeln und Wünsche verstehen, die man selbst in seinem Weltbild integriert und manifestiert hat. Mit diesem Bedürfnis geht auch der Wunsch nach Anerkennung und Wertschätzung einher. Des Weiteren ist in diesem Kontext das Streben danach, respektiert und akzeptiert zu werden, zu erwähnen. Dieses Bedürfnis wird oft in zwischenmenschlichen Konflikten verletzt, da man sich nicht gehört oder verstanden fühlt. „Hast du mir gerade überhaupt zugehört?" oder „Das ist doch gar nicht der Punkt!" wird oft im Rahmen eines Streits gesagt.

Ein viertes Bedürfnis ist das Bedürfnis nach Kontakt, Zugehörigkeit und Geborgenheit. Dies bezieht sich demnach besonders auf soziale

Situationen und Konstellationen. Der Mensch ist ein soziales Wesen und braucht die Zugehörigkeit zu einer Gruppe. Wird dieses Bedürfnis verletzt, fühlt man sich allein, abgestoßen oder wertlos. Viele Gefühle hängen an diesem Bedürfnis und ein stabiles soziales System kann oft einen großen Unterschied machen. Menschen, die sich unterstützt fühlen, kommen leichter durch belastende Zeiten. Ihnen fällt das Bewältigen von Krisen weniger schwer. Sie haben nicht das Gefühl, mit den problematischen Situationen des Lebens allein gelassen zu werden, und verzweifeln seltener an Problemen. Bleibt dieses Bedürfnis unbefriedigt, kann Einsamkeit und Wut entstehen. Das Bedürfnis kann sich auf verschiedene Lebensbereiche beziehen. Es kann durch Freundschaft, Partnerschaft, Nachbarschaft oder durch ein berufliches Team befriedigt werden. Auch die Familie, die Heimat und die lokale Gemeinschaft können den Wunsch nach Geborgenheit stillen.

Das fünfte Bedürfnis nach Rosenberg ist das Bedürfnis nach Erholung und Spiel. Jeder Mensch braucht eine Auszeit von der anstrengenden Arbeits- und Schulwelt. Dieses Grundbedürfnis kann durch Urlaub, ein Hobby und freie Zeit befriedigt werden. Ein Burnout als depressives Syndrom, das nach einer Zeit der harten Arbeit entstehen kann, ist demnach ein unbefriedigtes, bis auf das Letzte strapaziertes Bedürfnis nach Erholung. Es ist deshalb wichtig, dass man auch hier auf seinen Körper hört und sich selbst Auszeiten erlaubt. Es kann zu gereizten Situationen und Streitgesprächen kommen, wenn man erschöpft ist und keine Energie mehr zu haben scheint.

Beim sechsten Bedürfnis handelt es sich um das Bedürfnis nach Autonomie und Integrität. Man möchte also so viel wie möglich selbstständig schaffen, jedoch rein mit ehrlicher Arbeit und ohne sich durch das Leben schummeln zu müssen. Besonders schmerzhaft ist es deshalb, wenn Menschen bemerken, dass sie in verschiedenen Bereichen Hilfe benötigen und dass sie eben nicht immer hundertprozentig selbstständig sind. Dieses Bedürfnis bezieht sich jedoch nicht nur auf die Arbeitswelt und den Lebensalltag, sondern auch auf Werte, Ziele, Wünsche und

Träume. Man möchte selbst so leben, sich entfalten und ausdrücken können, wie man es möchte. Wird dieses Bedürfnis eingeschränkt, kommt es häufig zu Wut oder Verzweiflung. Wer merkt, dass er nicht voll und ganz über sich selbst bestimmen kann, der verliert den Glauben an die Selbstwirksamkeit. Schließlich entsteht der Gedanke, man sei selbst in seiner Lebenshaltung und in seinem Einfluss eingeschränkt.

Das siebte Bedürfnis nach Rosenberg ist das Bedürfnis nach Würde und Sinn. Man möchte einen Sinn in seinem Tun sehen und sich selbst bedeutend fühlen. Deshalb sind Menschen auch oft mit sinnloser Arbeit weniger zufrieden. Zufriedenheit kommt dann, wenn man weiß, mit welcher Absicht man das tut, was man tut, und was das Ziel des Ganzen ist. Wenn man also weiß, dass die eigene Arbeit eine Bedeutung für das große Ganze hat, fühlt man sich bedeutsam. Auch Kreativität und Authentizität möchten immer wieder genährt und benutzt werden. Natürlich gibt es Menschen, die mehr und Menschen, die weniger kreativ sind und diese brauchen in ihrer Arbeit und in ihrem Handeln mehr oder weniger Freiheit. Ist man ein Mensch, der mit viel Kreativität ausgestattet ist, fühlt man sich wahrscheinlich bei einer eintönigen sowie strikt organisierten und durchdachten Tätigkeit nicht wohl. Das kann zu Unmut führen und wütend machen, insbesondere dann, wenn die Tätigkeit keinen Sinn zu haben scheint. Das ist der Grund, wieso viele Schulkinder wütend auf ihre Lehrerinnen und Lehrer sind, da diese sie in den meisten Schulmodellen anhand eines strikten Fadens durch den Schulalltag ziehen und kaum Platz für Kreativität und Selbstverwirklichung lassen.

Das achte Bedürfnis ist das Bedürfnis des Feierns. Dies bezieht sich jedoch nicht nur auf positive Anlässe wie der Beginn des Lebens oder das Erreichen eines Ziels, sondern zum Beispiel auch die Verabschiedung eines Menschen. Dieses Bedürfnis besteht beim genaueren Betrachten aus verschiedenen Bedürfnissen wie beispielsweise dem Bedürfnis nach Zugehörigkeit und dem Bedürfnis nach Autonomie. Das Feiern der erreichten Ziele oder des beginnenden Leben eines Menschen sind somit Anlässe, die die Errungenschaften und wahr gewordenen

Wünsche ehren. Zugleich können sie als Chance verstanden werden, von seinen Mitmenschen Zuneigung, Empathie und Glückwünsche zu erhalten. Bei diesem Bedürfnis geht es demzufolge darum, die Befriedigung der anderen Bedürfnisse anzuerkennen und zu ehren.

Das neunte Bedürfnis nach Rosenberg ist das Bedürfnis nach Spiritualität. Dieses wird bekanntlich durch Religionen und spirituelle Praktiken befriedigt. Es geht hierbei um Sicherheit, Frieden und Inspiration. Diese Faktoren erinnern den Menschen immer an größere Dinge. Viele benutzen Bücher wie die Bibel, die Tora, den Koran und Ähnliche als Leitfaden und wenden die dort geäußerten und festgelegten Werte in ihrem eigenen Leben an.

SCHRITT 4: BITTE FORMULIEREN

Im vierten Schritt der gewaltfreien Kommunikation geht es um das Bitten. Hier soll eine klare Bitte an den Gesprächspartner formuliert werden, wobei auf einen angemessenen Tonfall zu achten ist.

Nach der Beobachtung, den Gefühlen und den Bedürfnissen wird nun wieder der Fokus auf den Gesprächspartner gelegt. Er hatte in den letzten drei Schritten die Möglichkeit, die Situation vom Blickwinkel des anderen zu sehen. Im Schritt der Beobachtung konnte er erfahren, wie der andere die Situation sieht und Fakten interpretiert, wie genau das Gegenüber sich fühlt und was es bei der Interaktion empfindet sowie welche Bedürfnisse beim anderen unbefriedigt bleiben. In diesem Schritt sollen beide Parteien miteinander interagieren. Der eine äußert die Bitte und der andere kann auf diese mit einem Versprechen oder mit einer Veränderung antworten.

Wenn wir bei dem Beispiel bleiben, welches die einzelnen Schritte in der bisherigen Erläuterung praktisch nachvollziehbar gemacht hat, würde das bedeuten, dass der Sprecher nun eine klare Bitte formuliert.

„Ich möchte dich darum bitten, mir zu erklären, wieso du zu spät bist, und dass du versuchst, das nächste Mal pünktlich zu sein."

Der Angesprochene kann darauf mit einem „In Ordnung" antworten, aber auch sagen: „Mir wäre es lieb, wenn du ein solches Problem nicht erst nach ein paar Treffen, sondern im Moment selbst ansprichst."

Das Kontern einer Bitte mit einer weiteren Bitte ist durchaus legitim, wenn diese in einem wohlwollenden Ton ausgesprochen wird und die Situation verbessern will. Jedoch ist auch wichtig, die Bitte des anderen „abzunicken" und beispielsweise zu versprechen, dass man an den persönlichen Fehlern arbeiten wird. Wenn Menschen einfach nur mit ihrer eigenen Bitte kontern, wird das wieder zu einem Ungleichgewicht führen, wodurch sich die Situation tendenziell eher weiter zuspitzen wird.

Nach der Bitte können verschiedene Szenarien folgen. Die Situation kann sich verbessern. Beispielsweise kommt der andere nicht mehr zu spät zu den Treffen oder erklärt, wieso er zu spät gekommen ist. Die Situation kann aber auch gleich bleiben, wenn er weiterhin zu spät kommt und sich nicht erklärt. Sie kann sich zudem sogar verschlechtern, wenn das Gegenüber noch später oder gar nicht zu Treffen erscheint und dieses Handeln nicht weiter erklärt.

Gewaltfreie Kommunikation ist keine sichere Lösung für jedes Problem, denn hier kommt vieles auf die Personen, ihr Verhältnis zueinander und die Situation als solche an. Jedoch ist die gewaltfreie Kommunikation nach Rosenberg ein Anfang und eine hilfreiche Art und Weise, um schwierige Gespräche zu vereinfachen. Oft überfordern uns Problemsituationen nicht, weil sie so komplex und schwer zu lösen sind. Meist wissen wir nicht, an welchem Punkt wir die Problemlösung beginnen sollen. Wir finden die entweder die passenden Worte nicht oder wir trauen uns nicht, sie auszusprechen. Dies führt uns häufig zu dem Gefühl von Machtlosigkeit, da der Gedanke verbreitet ist, man müsse stets „einen kühlen Kopf bewahren" und dürfe eigene Fehler nicht zeigen. Mithilfe der gewaltfreien Kommunikation kann diese Überforderung gemindert werden, da empfohlen wird, das Problem in einzelnen Schritten zu bearbeiten, welche immer weiter aufeinander aufbauen und folglich zu einer vereinfachten Problemlösung führen.

Dieser letzte Schritt der gewaltfreien Kommunikation stützt sich auf Kooperation. Während die anderen drei Schritte eher an den anderen gewandt waren, möchte man bei dem vierten Schritt dafür sorgen, dass nun gemeinsam an dem Problem gearbeitet wird. Deshalb passiert es nicht selten, dass auf eine Bitte eine gekonterte Bitte folgt. Hier versuchen dann beide Gesprächspartner, gemeinsam eine Lösung auszuhandeln und sich auf Handlungsweisen für die Zukunft zu einigen. Als Person, die das Problem als erstes anspricht, sollte man folglich auch damit rechnen, dass man am Ende Kompromisse eingehen muss. Das Hören aufeinander sowie das Arbeiten miteinander sind daher Teil der gewaltfreien Kommunikation. Ein stumpfes „Abnicken" von allem Gesagten ist hier selten. Häufig kommen Widerworte, Verständnisfragen und Erläuterungen zur Sichtweise des Gegenübers zum Vorschein. Die Technik der gewaltfreien Kommunikation ist also nur ein Auftrag und eine Basis, um gemeinsam an einem Problem zu arbeiten und zusammen eine Lösung zu diesem zu finden.

Die Regeln für den vierten Schritt können wie folgt zusammengefasst werden:

Die Bitte muss zwar nicht immer ganz am Schluss stehen, jedoch sollten die drei vorherigen Schritte schon durchlaufen sein. So kann das Gegenüber die Bitte besser verstehen und sie für sich annehmen.

Die Bitte sollte freundlich und wohlwollend formuliert sein, da der Angesprochene sie sonst auch als Befehl aufnehmen könnte, was wiederum zu Widerstand führen kann.

Die Bitte muss zum richtigen Zeitpunkt geäußert werden. Merkt man, dass das Gegenüber noch Fragen hat, sich verteidigen will oder etwas hinzufügen möchte, um die Situation in ihrem Ganzen darzulegen, sollte die Bitte noch nicht geäußert werden. Bittet man den anderen entweder zu schnell oder ohne jegliche Erklärung, sind keine Veränderungen zum Positiven zu erwarten.

Die Bitte sollte klar und verständlich sein. Wenn das Gegenüber Fragen zu ihr hat, sollten ihm diese beantwortet werden, da man von dem anderen nicht verlangen kann, dass er etwas tut, was er nicht verstanden hat.

Bitte anstatt Aufforderung

Das Schwerste an diesem Schritt der gewaltfreien Kommunikation ist es, eine Bitte nicht mit einer Aufforderung zu verwechseln.

Wenn wir andere um etwas bitten, geht es primär um Einfühlsamkeit. Mit einer Bitte plädieren wir auf das Verständnis des anderen. Wir gehen davon aus, dass ein freundlicher Ton und unsere Ehrlichkeit uns weiterbringen als eine ernst klingende Aufforderung.

Wie kann man jedoch eine Bitte von einer Aufforderung unterscheiden?

„Räum jetzt sofort dein Zimmer auf!“ klingt aggressiver als „Würdest du bitte dein Zimmer aufräumen?“. Der erste Satz gilt als eine Aufforderung. Dies erkennt man an dem Ausrufezeichen am Ende des Satzes, das sich im gesprochenen Wort vermutlich in einem lauten und strengen Tonfall widerspiegeln würde. Auch wird hier der Imperativ, der sogenannte Befehlston, verwendet: „Räum auf!“ anstatt des weicheren „Würdest du bitte aufräumen?“.

Aber auch wenn sich der zweite Satz schon eher an die Regeln der gewaltfreien Kommunikation hält, ist sowohl beim ersten Satz als auch beim zweiten immer noch die Frage: Wieso denn?

Kinder zeichnen sich durch ihre Neugierde aus und haben einen einzigartigen Blick auf die Welt. Sie erklären sich vieles anhand von Magie und Fantasie, wollen aber immer mehr über die Welt wissen und sie verstehen. Deshalb ist es besonders in diesem Alter ratsam, die Bitten, die man stellt, zu begründen.

„Würdest du bitte dein Zimmer aufräumen?"
„Nö."
Und nun?

Eine veränderte Situation tritt auf, wenn man das persönliche Anliegen wie folgt formuliert:

„Würdest du bitte dein Zimmer aufräumen? Ich schätze Ordnung sehr und möchte dir beibringen, wie wichtig es im Leben sein kann, Ordnung zu halten. Man kann alles leichter wiederfinden und hat mehr Platz zum Spielen."

Erklärt man seinen Kindern, seinen Freunden, seinen Kollegen oder seinem Partner die Bitten, die man stellt, verdeutlicht dies Offenheit. Dadurch kann die andere Person das eigene Denken ein wenig besser verstehen. Damit beweist man dem Gegenüber, dass man es ernst meint und die Bitte nicht ohne Grund stellt.

Drei Tipps beim Stellen von Bitten:

Tipp 1: Man mag das Ende eines Satzes vielleicht beim Sprechen nicht sehen, aber man sollte sich trotzdem am Ende immer ein Fragezeichen vorstellen. Das erleichtert den Weg zu einem freundlichen Ton, auch wenn man gerade im Stress ist. Nichts ist destruktiver als eine förmlich richtig gestellte Bitte mit einem strengen Tonfall, da dies einen verstärkten Widerstand beim Gegenüber bewirkt.

Tipp 2: Es ist wichtig, die Bitte mit einem Grund zu verknüpfen. Schlimm ist es aber nicht, wenn man es mal vergisst. Stößt man beim anderen auf Reaktanz, kann man den Grund auch noch daraufhin nennen.

Tipp 3: Wenn man eine Bitte stellt, fragt man etwas: Man bittet und befiehlt nicht. Man lässt dem anderen also frei, ob er sich der Bitte annimmt oder nicht. Was man aber nach einer abgeschlagenen Bitte immer sagen kann, ist dass es einen stört, einen verletzt und traurig macht, abgewiesen zu werden.

Fragen kostet nichts!

DIE REIHENFOLGE DER SCHRITTE

Jeder kennt es sicherlich: Man hat sich vorgenommen, heute beim Treffen eines Freundes eine Situation oder eine Verhaltensweise anzusprechen, die einen stört. Vor diesem Gespräch ist man schrecklich aufgeregt. Die Hände schwitzen, man zittert und will auf einmal am liebsten nur wegrennen. Das Führen eines solchen Gesprächs fällt vielen Menschen schwer. Niemand macht das gerne, besonders dann nicht, wenn das Gegenüber eine Person ist, die man keinesfalls verlieren möchte oder die man in Zukunft noch häufiger sieht. Dies kann bei Klassenkameraden, mit denen man noch in weiteren Fächern im selben Unterricht sitzt, oder bei einem Mitglied der Familie wie einem Elternteil oder einem Geschwisterkind der Fall sein.

Der Anfang solcher Gespräche ist schwer und meist fragt man sich zunächst: Wo fange ich denn jetzt an?

Die gewaltfreie Kommunikation bietet mit ihren vier einfach verständlichen Schritten eine gute Richtung: Erst einmal erkläre ich, was ich beobachtet habe, dann erläutere ich, wie ich mich daraufhin gefühlt habe, danach erkläre ich, wieso ich diese Gefühle wohl habe, und zu guter Letzt sage ich, was ich gern anders hätte.

Diese Reihenfolge bietet zwar Sicherheit, aber während eines Gesprächs merkt man schnell, dass die ordentlich organisierte Reihenfolge der Sätze, die man sich zuvor akribisch erarbeitet hat, nicht eintreten kann und wird. Dies passiert beispielsweise dann, wenn das Gegenüber plötzlich nach der Beobachtung sagt, was es selbst bei einem beobachtet hat: „Du sagst, ich komme immer zu spät, aber du lässt mir ja auch keine Wahl, weil ich mich immer nach dir richten soll!"

Was nun?

Oder man hört so einen Satz wie: „Ich sehe das nicht als ein Problem." Ein Plan kann sich schnell verändern, wenn der andere inmitten des vorher durchdachten Monologs agiert und während diesem eigene Haltungen und Gefühle äußert. Dies bewirkt bei einigen Menschen, dass man sich in seinem Vorgehen irritiert fühlt. Wenn man realisiert, dass das Gespräch nicht in der zuvor geplanten Reihenfolge mit den im Vorhinein überlegten Sätzen stattfinden wird, können Aggressionen entstehen, die wiederum zu Sätzen führen können wie: „Jetzt sei doch mal ruhig!"

Gewaltfreie Kommunikation klingt in der Theorie zwar nachvollziehbar und umsetzbar, ist in der Praxis aber gar nicht so leicht. Das System der vier Schritte kann Menschen Ankerpunkte und einen Leitfaden bieten, welche sie durch das Gespräch führen können. Unabhängig davon, ob das Gegenüber einen unterbricht oder sich auf eine unfreundliche Art und Weise äußert, kann man immer wieder zu den vier Punkten zurückkehren. Orientiert man sich daran, kann man Ruhe bewahren und immer wieder dort anfangen, wo man gerade aufhören musste.

Es ist nicht schlimm, wenn man dann doch das Bedürfnis vor dem Gefühl benennt oder wenn man nach der Bitte wieder zurück zur Beobachtung kommt. Wichtig ist, dass alle vier Schritte gegangen worden sind und dass sie alle vom Gegenüber verstanden werden. Auch ist es kein Problem, zwei Schritte in einem Satz zusammenzufassen, zum Beispiel: „Mir ist aufgefallen, dass du zu unseren Treffen immer zu spät kommst und das macht mich traurig, weil ich dann denke, dass ich dir nicht wichtig bin."

Denn auch wenn die Schritte einzeln voneinander betrachtet werden können, greifen sie alle ineinander über. Das Gefühl gehört beispielsweise zur Beobachtung und zur Bitte. Auch ein Bedürfnis kann nie allein für sich stehen. Die Schritte nach Rosenberg können demzufolge verwechselt werden. Zudem können sie auch zwei oder sogar drei Mal hintereinander durchlaufen werden. Wichtig ist letztendlich, dass man einerseits verstanden wird und andererseits selbst versteht. Ungeachtet der Reihenfolge, in der man die verschiedenen Schritte formuliert, gilt es lediglich zu beachten, dass die Bitte zum Schluss einmal klar formuliert wird.

Konflikte und Missverständnisse unter der Lupe: Was tun wir da eigentlich immer und wieso ist es so schwer?

Missverständnisse sind oftmals der Grund für Konflikte. „Ich dachte, dir macht es nichts aus, wenn ich deine Hausaufgaben abschreibe." „Du hattest doch letztens noch gesagt, dass du am Wochenende kommst!"

Viele Sätze wie diese sind häufig Teile oder sogar Auslöser von Konflikten, aber nicht selten auch die Lösung. Viele Streitigkeiten können gelöst werden, wenn allein die Missverständnisse aufgeklärt werden.

Wenn man nach dem Sender-Empfänger-Modell nach Shannon und Weaver geht, handelt es sich bei einem Missverständnis um ein Problem in der Kommunikationskette. Irgendwo auf dem Weg vom Sender zum Empfänger ist eine Aussage auf eine unterschiedliche Art und Weise verarbeitet oder nicht gehört worden. Gemäß dem Modell formuliert der Sender eine Information in Form einer Nachricht, wozu er das Gedachte sozusagen „umcodieren", also übersetzen muss. Wenn wir an etwas denken und es aussprechen wollen, müssen wir zunächst einmal die Worte finden, um unseren Gedanken richtig zu verpacken. Das kann schwer sein, besonders in stressvollen Situationen oder nach einem anstrengenden Tag.

Ein Missverständnis kommt also zu Stande, wenn eine Information entweder vom Sender nicht richtig codiert oder vom Empfänger nicht richtig „decodiert", also zurückübersetzt, wurde. In einigen Situationen treten beide Szenarien gleichzeitig auf.

Das bisher Erläuterte kann anhand des Spiels „Stille Post" besser nachvollzogen werden. Bei diesem sucht man sich einen Satz oder ein Wort aus, welches man seinem Nachbarn ins Ohr flüstert. Vielleicht versteht der Nachbar einen perfekt und gibt die Nachricht genauso, wie man sie losgeschickt hat, weiter. Aber eventuell hat man dieses eine Wort genuschelt oder verschluckt, wodurch nun eine ganz andere Nachricht weitergeleitet wird. So kommt die Nachricht beim fünften oder sechsten Spielkameraden schließlich komplett abgeändert an.

Missverständnisse können also auf viele Arten und Weisen entstehen, aber kann man sicher sein, dass sie nie wieder auftreten? Gibt es eine magische Formel, die das Entstehen von Missverständnissen verhindert und dafür sorgt, dass sich alle immer perfekt verständigen?

Nein. Missverständnisse sind genau so sehr ein Teil unserer Kommunikation wie die Nachrichten, die weitergeleitet und richtig verstanden werden.

Allerdings kann man durchaus ein paar kleine Tricks anwenden, um wirklich verstanden zu werden. Das kann zwar immer noch zu Missverständnissen führen, aber sorgt für höhere Chancen, diese soweit wie möglich zu vermeiden.

Tipps und Tricks, um richtig verstanden zu werden:

Tipp 1: Möchte man richtig verstanden werden, sollte man eine ruhige Umgebung wählen, in der der Gesprächspartner nicht leicht abgelenkt werden kann. Hier bietet sich zum Beispiel ein Büro oder eine Bank im Park besser an als ein chaotisches Einkaufszentrum.

Tipp 2: Am besten sollte man kurze und klare Sätze formulieren. Viele Nebensätze, schwierige Ausdrücke oder komplizierte Grammatik sind hier fehl am Platz.

Tipp 3: Direkt rein ins kalte Wasser! Der erste Satz sollte gleich das aussagen, was man sagen will. Man kann sich hier in Gedanken vorstellen, dass man gleich nach den ersten paar Worten unterbrochen werden könnte. So formuliert man die ersten Worte besonders gewählt, ausdrucksstark und ehrlich.

Tipp 4: Vor einem Gespräch sollte man sich im Groben überlegen, was man inhaltlich sagen möchte. Hier helfen Stichpunkte oder Themen, jedoch sollte man sich keine ganzen Sätze zurechtlegen. Wenn man diese rezitiert, wirkt dies auf das Gegenüber oftmals steif und wenig authentisch.

Missverständnisse führen häufig zu Konflikten. Daher wird sich im Folgenden mit der Frage beschäftigt, was Konflikte überhaupt sind und wieso sie manchmal sogar physisch weh tun?

Konflikte entstehen, wenn zwei Interessen nicht vereint werden können. Wenn wir einen Job wollen, eine weitere Person aber auch, entsteht ein Konflikt, da es diesen Job nur einmal gibt. Wir müssen dann also argumentieren, kämpfen oder einen Kompromiss eingehen. Die schwierigsten Konflikte entstehen mit den Menschen, die uns am nächsten stehen. Bei diesen geht es oftmals nicht um eine Arbeitsstelle, sondern um unser Verhalten, unsere Einstellung anderen gegenüber oder unsere Wünsche und Träume. Konflikte mit nahestehenden Personen sind aufgrund dieser tiefgründigen Themen meist diejenigen, die am schmerzhaftesten sind. Die Menschen, die uns am nächsten stehen, kennen uns am besten und wissen genau, was und wieso uns etwas stört.

Ein Konflikt kann außerdem entstehen, wenn man missverstanden wird. Manchmal reicht hier eine einfache Aufklärung darüber, was man meinte. Ab und zu ist es sogar so, dass man selbst erst „blind" in einen Konflikt hineingeht und dann erst mittendrin versteht, was man eigentlich will. Hier kommt dann wieder die Methode der gewaltfreien Kommunikation ins Spiel.

Konflikte können physisch weh tun. Das ist keine Illusion, sondern ein wahrer Schmerz, der sich in Form von Bauchschmerzen, Kopfschmerzen, Herzschmerzen oder Nackenschmerzen manifestiert. Konflikte können sogar Übelkeit, Schwindel oder erhöhte Temperatur auslösen. Dies lässt sich so begründen, dass der Teil unseres Gehirns, der für Schmerz zuständig ist, auch eine soziale Dissonanz wie ein Konflikt oder ein schweres Gespräch als schmerzhaft registriert. Der Schmerz kann demnach als ein Signal unseres Körpers an uns selbst verstanden werden, das uns darauf aufmerksam machen soll, dass etwas nicht stimmt. Kinder haben beispielsweise oft Bauchschmerzen vor anstrengenden Tagen in der Schule. Vielleicht steht ein Test an, für den sie sich nicht vorbereitet fühlen, oder ein anderes Kind ärgert sie ständig in den Pausen.

Physische Schmerzen können auch einen psychischen Grund haben und sind ein weiterer Beweis dafür, wie wichtig es ist, Probleme mit seinen Mitmenschen rechtzeitig und sorgfältig zu besprechen, zu bearbeiten und zu lösen.

Wenn Kinder etwas wollen, wir aber nicht

Tim ist mit seiner Mutter im Supermarkt und sieht auf den letzten Metern einen Schokoriegel. Er hat sich im Supermarkt zwar schon eine Kleinigkeit ausgesucht, die er auch unbedingt haben wollte, aber dieser Schokoriegel sieht auch lecker aus. Den kann man doch schlecht hier lassen. Also nimmt sich Tim den Riegel und versucht ihn heimlich in den Einkaufswagen zu legen, doch genau dann dreht sich seine Mutter um und sieht es.

„Tim, du hast dir schon etwas ausgesucht."
„Aber der ist doch ganz klein. Den bemerkt man gar nicht!"

Manchmal wollen Kinder etwas, was wir nicht wollen. Dies ist eine der beiden Arten eines möglichen Streitgesprächs, welches zwischen Kindern und Elternteilen besteht. In den meisten Fällen möchte das Kind etwas kaufen, bei jemandem übernachten oder noch ein paar weitere Minuten Fernsehen schauen. Sicherlich sind Ihnen diese Arten der Konflikte bekannt.
Was taten Sie bis jetzt immer? Würden Sie auch so reagieren, wie es Tims Mutter in der Beispielsituation tut? Tims Mutter nimmt den Schokoriegel wieder aus dem Einkaufswagen.

„Das ist nicht fair!", ruft Tim empört.
„Du hast dir schon was ausgesucht. Und fertig!"

Tim fängt an, trotzig auf den Boden zu stampfen. Er legt den Schokoriegel dann wieder in den Einkaufswagen. Während die anderen Menschen vor ihnen schon fast fertig mit dem Bezahlen sind, nimmt Tims Mutter den Schokoriegel genervt und wütend wieder aus dem Wagen und pfeffert ihn zurück ins Regal. Dann beugt sie sich ein wenig nach unten und schaut Tim ernst in die Augen. „Lass das jetzt!"

Den ganzen Weg nach Hause ist Tim schlecht drauf. Als er beim Auspacken der Einkäufe helfen soll, geht er wortlos in sein Zimmer und schlägt die Tür hinter sich zu. Es war nur ein Schokoriegel. Seine Mutter ist doof!

Tims Mutter hat ihm also gesagt, dass er es nicht bekommt und will daraufhin nicht mehr mit ihm darüber reden. Als sie ihn dann gefragt hat, ob er ihr beim Auspacken hilft, tut er dies nicht. Auch wenn Tims Mutter also erreicht hat, dass Tim den Schokoriegel nicht wieder in den Einkaufswagen legt, ist Tim auch zu Hause noch sauer.

Nach der Technik der gewaltfreien Kommunikation hätte die Szene so aussehen können:

Tim ist mit seiner Mutter im Supermarkt und sieht auf den letzten Metern einen Schokoriegel. Er hat sich im Supermarkt zwar schon eine Kleinigkeit ausgesucht, die er auch unbedingt haben wollte, aber dieser Schokoriegel sieht auch lecker aus. Den kann man doch schlecht hier lassen. Also nimmt er sich den Riegel und versucht ihn heimlich in den Einkaufswagen zu legen, doch genau dann dreht sich seine Mutter um und sieht es.

„Tim, du hast dir schon etwas ausgesucht."

„Aber der ist doch ganz klein. Den bemerkt man gar nicht!"

„Du möchtest den Riegel haben und ich habe dir gesagt, dass du ihn nicht haben kannst. Das findest du doof."

„Kannst du ihn mir nicht einfach geben? Ich helfe auch später mit beim Auspacken", fragt Tim.

Seine Mutter schüttelt den Kopf. „Ich weiß, dass du ihn gerne haben möchtest, aber ich habe Nein gesagt. Bitte lege ihn wieder zurück."

Tim legt den Riegel wieder ins Regal, ist aber wütend und hilft nicht mit, die Sachen vom Band in die Taschen zu tun. Als seine Mutter das bemerkt, nimmt sie ihn nach dem Einkauf beiseite. „Ich sehe, dass du wütend bist, weil du gern den Riegel haben wolltest."

„Das war doch auch nur ein kleiner!"

„Und du sagst, dass ein kleiner Riegel so gut wie kein Riegel ist, also hätte ich ihn dir einfach geben sollen."

„Ja!"

„Und dann findest du es gemein und unfair, dass ich Nein gesagt habe. Das verstehe ich."

In diesem Szenario hat sich Tims Mutter an die vier Schritte nach der gewaltfreien Kommunikation gehalten. Da Kinder selbst nicht mit dem Modell vertraut sind und es ihnen schwer fällt, nach den Regeln der gewaltfreien Kommunikation zu interagieren, übernimmt man als Erwachsener die Reflexion und begleitet das Kind sprachlich durch die vier Schritte. Das bedeutet, dass Tims Mutter erst einmal feststellt, was Tim beobachtet hat. In diesem Falle wäre das die Tatsache, dass sie ihm den Riegel verboten hat. Daraufhin stellt sie fest, dass er deswegen wütend ist. Zusätzlich dazu sagt sie, dass sie ihn hört. Sie bringt ihm also Empathie entgegen und macht ihm deutlich, dass sie für ihn da ist. Außerdem stellt sie klar, dass Tim das Bedürfnis nach noch einem Riegel hatte, weil für ihn ein kleiner Riegel so gut wie gar keiner ist. Eine Bitte benannt sie schon gleich zu Beginn: Tim möchte, dass seine Mutter ihm den Schokoriegel kauft. Diese Bitte hat seine Mutter mit einem Nein beantwortet und dies ändert sie auch nicht.

Leicht kann man denken, dass es bei der gewaltfreien Kommunikation darum geht, dem Kind alles zu geben, was es will, da man es ja zu nichts zwingen möchte. Jedoch ist hier eher das Ziel, das Kind in einer frustrierenden Situation zu begleiten, damit es lernt, damit umzugehen. Die Mutter gibt deswegen auch nicht nach, zeigt ihrem Sohn aber, dass sie für ihn da ist und seine Frustration versteht. Sie sagt ihm auch nicht, dass er ruhig sein oder andere Gefühle haben soll. Auch äußert sie nicht, dass er „lernen soll, damit umzugehen, nicht immer alles zu bekommen".

Anstatt also im Stillen wütend auf seine Mutter zu sein, erfährt Tim in dieser Situation Unterstützung. Ihm wird es dadurch leichter fallen, es seiner Mutter schnell nicht mehr übel zu nehmen. Es geht hier also nicht darum, das Kind zu dressieren und dafür zu sorgen, dass es ihm nichts mehr ausmachen wird, wenn es das nächste Mal einen Schokoriegel an der Kasse haben will und ihn nicht bekommt. Seine Gefühle sind berechtigt, was Tims Mutter ihrem Kind auch sagt. Es geht eher darum, die schweren Gefühle zu begleiten und dafür zu sorgen, dass Tim seine eigenen Vorgänge in sich versteht und diese auch bei anderen verstehen lernt.

Tims Mutter geht demzufolge nicht selbst die vier Schritte der gewaltfreien Kommunikation, sondern hilft Tim, diese selbst zu verstehen und zu gehen. Tim versteht sie und stimmt ihr auch zu. Seine Mutter ist folglich quasi am Rand der Laufstrecke dabei und leitet ihn auf den richtigen Weg.

Wenn wir etwas wollen, Kinder aber nicht

Tim kommt nach einem Tag in der Schule nach Hause. Nach dem Mittagessen will er sich auf das Sofa setzen und Fernsehen schauen. „Hast du keine Hausaufgaben auf?", fragt seine Mutter verwirrt.

Tim zuckt mit den Schultern. „Die will ich nicht machen. Die sind immer so langweilig."

Tims Mutter weiß, dass ihr Sohn durch seine Rechtschreibschwäche nicht gern die Hausaufgaben in Deutsch und Sachkunde macht und sie wurde bereits von Tims Lehrerinnen informiert, dass ihr Sohn möglicherweise die Klasse wiederholen muss, wenn sie ihm nicht bei den Hausaufgaben etwas unter die Arme greift und intensiv mit ihm übt.

> „Ich helfe dir auch dabei", sagt Tims Mutter dann.
> Tim will immer noch keine Hausaufgaben machen.

Hier zeigt sich die Situation, in der Erwachsene etwas wollen, was ihre Kinder nicht wollen. Dies tritt meist dann auf, wenn Kindern Aktivitäten zu langweilig, zu schwer oder sinnlos erscheinen. Ihnen fehlen die notwendigen Erfahrungen, um nachvollziehen zu können, dass manche Dinge bedeutsam sind und man sie auch machen muss, wenn sie einen nerven. Erwachsenen fällt es häufig schwer, Kinder zu motivieren und dafür zu sorgen, dass sie bestimmten Zielen langfristig nachgehen. Die Überforderung in solchen Situationen führt viele Eltern zu problematischen Verhaltensweisen. Zum Beispiel bestrafen sie Kinder, wenn sie das Gefragte nicht tun. Alternativ sagen sie Sätze wie „Mama ist ganz traurig, wenn du die Klasse wiederholen musst". Eine weitere

Manipulationstechnik sind Belohnungen, die nach getaner Arbeit gegeben werden. Dass diese Mittel oft nicht das bewirken, was man mit ihnen bewirken will, ist für die meisten Eltern frustrierend, erscheint ihnen jedoch oftmals die einzige Lösung zu sein.

Mithilfe der gewaltfreien Kommunikation soll ein Weg gefunden werden, um in den entsprechenden Situationen auf diese Manipulationsstrategien verzichten zu können. Dazu kann eine Orientierung an den klassischen vier Schritten nach Rosenberg sinnvoll sein.

Zunächst erklärt man, was man beobachtet hat, ohne es zu bewerten: „Du findest Hausaufgaben langweilig und zu schwer. Das ist der Grund, warum du sie nicht machen möchtest. Stattdessen willst du lieber Fernsehen schauen."

Daraufhin offenbart man seine eigenen Gefühle: „Ich bin wütend, weil ich möchte, dass du die Hausaufgaben machst."

Als nächstes folgt das Bedürfnis: „Mir ist wichtig, dass du gut in der Schule mitkommst, weil ich mir eine schöne Zukunft für dich wünsche und möchte, dass du später das machen kannst, was du machen möchtest. Ich habe Angst, dass ich dich nicht genügend unterstützen kann."

Als letztes folgt die Bitte, bei der man sich direkt an den anderen wendet: „Ich habe eine Bitte: Lass uns deine Hausaufgaben gemeinsam ansehen und sie durchsprechen. Wenn sie dir dann immer noch so schwer fallen, schauen wir weiter."

Auch wenn Kinder dann immer noch nicht wollen, hat man ihnen den Respekt entgegengebracht, mit dem es jeder Mensch verdient hat, behandelt zu werden. In solchen Situationen ist es besonders wichtig, dass man seine Gefühle nicht an das Verhalten des Kindes, sondern an seine eigenen Bedürfnisse knüpft. Tims Mutter ist wütend und hat Angst, weil sie das Bedürfnis hat, ihrem Sohn genügend Unterstützung zu bieten. Ihre Wut beruht nicht primär darauf, dass dieser seine Hausaufgaben nicht machen möchte. Es ist wichtig, diese Trennung auch im Gespräch mit dem Kind eindeutig zu ziehen, weil sich dieses sonst für die Gefühle seiner Eltern verantwortlich sieht und seinen Wert daraufhin an seine Leistung knüpft. Um dies zu verhindern, sollte man dem Kind weiterhin die Wahl lassen. Auch wenn das Kind das Angebot nicht annimmt, wenn also Tim im beschriebenen Fall weiterhin die Hausaufgaben nicht machen will, kann man seine eigenen Gefühle offenbaren und sagen, was einen stört. Es ist sinnvoll, dass außerdem beide Parteien etwas sagen können. Tim kann auch über seine Ängste und seinen Ärger sprechen und seine Mutter explizit verstehen lassen, wieso er die Hausaufgaben nicht machen will. Dieser Austausch kann auch zu Alternativlösungen führen und Probleme können konstruktiv bearbeitet werden.

Warum ist gewaltfreie Kommunikation manchmal sehr schwer?

Ich stehe jetzt hier und habe meine Hände zu Fäusten geballt. Ich habe mir heute Morgen ordentlich zurechtgelegt, was ich wie sagen möchte. Ich bin nach den vier Schritten vorgegangen und mir sind alle Inhalte, die ich nennen will, bewusst. Aber ich kann ihn doch nur anstarren und meine Lippen aufeinanderpressen, denn ich bin wütend. Und auch wenn ich weiß, wie ich reagieren sollte und was ich sagen kann, kommt kein einziges Wort über meine Lippen.

Es ist plötzlich so schwer, obwohl ich es noch heute Morgen in meinem Kopf mehrfach geprobt habe.

Er fragt mich, ob ich was sagen will, weil ich so aussehe, als wolle ich etwas sagen, aber ich schüttle den Kopf und drehe mich um. Ich weiß, dass ich schwierige Situationen nicht vermeiden sollte und dass ich mit ihm sprechen muss, aber mein Herz klopft laut und mein Gesicht ist bestimmt vor lauter Aufregung ganz rot geworden. Es ist in der Theorie so einfach, aber jetzt kann ich es einfach nicht.

Vielleicht kennen Sie dieses Gefühl oder eine ähnliche Situation. Vielleicht haben Sie es sogar erlebt, nachdem Sie dieses Buch begonnen haben zu lesen. Man kennt die Theorie und die vier Schritte, aber dann funktioniert es doch nicht. Man sträubt sich dagegen.

Wieso ist das so? Weshalb klappt gewaltfreie Kommunikation manchmal nicht?

Ein Streitgespräch ist nicht unmittelbar leicht zu führen, auch wenn man sich die vier Schritte genauestens zurechtgelegt hat. Grund dafür ist, dass es in der Theorie um irgendein Szenario geht, das als Beispiel dient, während in der Realität wirkliche Probleme und an diesen Problemen hängende Gefühle im Vordergrund steht. Manchmal sind diese

Gefühle stärker und manchmal schwächer. Manchmal geht es hier nur um ein leichtes Unwohlsein, welches sich wie ein kleines Jucken am Rücken anfühlt, aber manchmal ist das Gefühl so gewaltig, dass es einem förmlich auf den Schultern lastet. Man ist wütend oder tief enttäuscht, wodurch man meist gar nicht darüber reden möchte, was einen stört.

Das kommt nicht nur bei Kindern vor. Besonders Erwachsene haben Probleme damit, ihre Probleme offensiv anzugehen und nicht auf den nächsten Kommentar zu warten, der sie dann zum Explodieren bringt. Kinder und Erwachsene weisen manchmal Schwierigkeiten auf, sich einzugestehen, dass sie darüber sprechen müssen oder dass ihre Herangehensweise bis hierhin nicht optimal war.

Gewaltfreie Kommunikation ist schwer, wenn es um verletzte Gefühle oder um den eigenen Selbstwert geht. Die größte Herausforderung, gewaltfrei zu kommunizieren, entsteht, wenn man sich ungerecht behandelt fühlt und sich eigentlich bemüht, vor dem Gegenüber keine Schwäche zu zeigen. Genau diese Einstellung kann jedoch oft ein zentrales Problem darstellen.

Manchmal muss man, bevor man mit anderen redet, erst einmal ein strenges, aber einfühlsames Gespräch mit sich selbst führen.

Man muss sich selbst klarmachen, dass eine Aussprache notwendig ist, dass kein Weg drum herumführt und dass das Herauszögern eines Gesprächs die Situation meist verschlimmert. Probleme lösen sich nicht einfach in Luft auf. Nicht selten intensivieren sie sich sogar und stören immer mehr.

Was kann man machen, wenn es zu schwer ist oder man zu wütend ist, um zu reden?

Die Lösung ist eigentlich sehr leicht: Man lässt sich noch ein bisschen Zeit, setzt sich aber eine Deadline. Besonders wenn das Problem emotional sehr behaftet ist, kann man eine Nacht darüber schlafen, um am Morgen eine neue Sicht auf den Konflikt zu haben. Jedoch sollte man nicht vergessen, dass es wichtig ist, die problematische Situation zeitnah anzusprechen. Da solche Verzögerungen häufig auftreten, ist es sinnvoll, sich einen realistischen Zeitpunkt zu suchen, bis zu welchem das Gespräch stattfinden soll: „Ich spreche es heute nicht an, aber spätestens morgen Abend, will ich es angesprochen haben!“

Man kann es sich in seinen Kalender als Termin eintragen oder eine Notiz schreiben.

Wichtig ist, dass man die Fairness der Situation beachtet: Niemand kann sich verteidigen, wenn er nicht weiß, dass da ein Problem ist. Man sollte dem anderen also die Möglichkeit geben, sich zu verbessern.

Was ist Empathie und wieso brauchen wir sie?

Ab einem Alter von etwa drei Jahren können sich Kinder in das Denken und Fühlen anderer Personen hineinversetzen. Schon allein an der schnellen Entwicklung dieser Fähigkeit merkt man, wie wichtig sie für uns Menschen sein muss.

Empathie ermöglicht es uns, miteinander zu leben, einander zu verstehen und uns nicht nur zu bekämpfen, sondern zusammenzuarbeiten.

Der Weltfrieden ist ein globales Ziel. Jeder Mensch, egal ob groß oder klein, strebt nach Harmonie.

Empathie ist der Baustein, der das Denken und Fühlen der anderen für uns offenlegt. Aufgrund dieser Fertigkeit wissen wir, dass andere traurig sind, wenn sie einen Menschen verloren haben, oder dass sie Glücksgefühle empfinden, wenn die Sonne scheint. Empathie ist auch wichtig im Rahmen der gewaltfreien Kommunikation, denn sie ermöglicht es, dass das Kommunizieren aller vier Schritte gut funktioniert, auch wenn es manchmal schwer erscheint.

„Ich brauche Zeit für mich allein. Ist es für dich okay, wenn wir nachher weiter über das Problem reden?"

Was denken Sie, wenn Sie diesen Satz lesen? Wahrscheinlich vermuten Sie, dass die Person ausgelaugt, müde und erschöpft ist. Auch wenn Sie sie nicht kennen, wissen Sie doch gleich, wie sich der Mensch fühlen muss, der diesen Satz äußert.

Empathie ist wahrlich eine Superkraft, die dafür sorgt, dass wir unsere Gedanken und Gefühle wie über Telepathie übertragen können und im Zuge dessen verstanden werden.

Das Einzige, was wir tun müssen, ist, dass wir uns einander mitteilen. Wir müssen dem anderen sagen, dass wir geschafft sind und dass wir nun Zeit zum Erholen brauchen. In diesem Kontext gilt es anderen zu erklären, wieso wir ausgelaugt sind, wenn sie sich es nicht schon denken können. „Ach ja, du hattest heute so einen langen Arbeitstag. Ich kann mir vorstellen, dass du kaputt bist."

Empathie führt zu Verständnis und Verständnis führt wiederum zu Harmonie.

Doch einen wichtigen Unterschied gibt es dennoch. Viele Menschen stellen Empathie und Mitleid gleich. Bei Mitleid handelt es sich jedoch um ein Mitgefühl, das bei Empathie zwar auch eine Rolle spielt, nicht aber die Basis ist. Empathie ist das respektvolle Verstehen und Zuhören. Meist, wenn wir ein negatives Ereignis durchlebt haben, möchten wir es gern einfach nur loswerden. Die meisten Menschen wollen darüber reden oder sich aufregen, um sich wieder abregen zu können. Sie wollen es jemandem erzählen und anstatt Ratschläge oder Lösungsvorschläge hören zu wollen, wollen sie einfach, dass man ihnen zuhört.

Diese Situation hat schon oft zu angespannten Stimmungen und Missverständnissen geführt. Sicher haben Sie eine solche Situation auch schon mal erlebt.

A: Ich muss dir was erzählen. Heute bei der Arbeit habe ich erfahren, dass meine Kollegin Caro immer meine Joghurts aus dem Kühlschrank nimmt und sie selbst isst! Ist das zu glauben?

B: Sprich doch mal mit ihr darüber.

A: Habe ich ja versucht. Sie sagt einfach, sie wäre es nicht.

B: Dann geh doch zur Chefin.

A: Die ist im Urlaub.

B: Vielleicht solltest du erst einmal keine Joghurts mehr mit zur Arbeit bringen, bis die Situation geklärt ist.

A: Was? Wieso soll ich das denn machen? Weißt du, ich wollte einfach nur mit dir darüber reden und nicht, dass du mir irgendwelche Vorträge hältst!

B: Du hast doch aber gewollt, dass ich dir helfe, oder?

A: Nein, ich wollte, dass du mir einfach zuhörst!

Manchmal brauchen wir keine Ratschläge, manchmal wollen wir einfach nur, dass man uns zuhört.

Sind Sie in solchen Situationen eher die Person A oder Person B?

Im Folgenden können Sie das Gespräch erneut lesen, jedoch in der Art und Weise, wie es vermutlich verlaufen wäre, wenn es nach den Regeln der gewaltfreien Kommunikation und mit Empathie geführt worden wäre:

A: Ich muss dir was erzählen. Heute bei der Arbeit habe ich erfahren, dass meine Kollegin Caro immer meine Joghurts aus dem Kühlschrank nimmt und sie selbst isst! Ist das zu glauben?

B: Das hört sich so an, als seist du empört darüber, dass sich einfach jemand dein mitgebrachtes Essen nimmt.

A: Ja! Und weißt du, ich habe sie darauf angesprochen und sie hat einfach gesagt, sie sei es nicht.

B: Du hättest es lieber, wenn sie einfach ehrlich wäre und sich entschuldigen würde.

A: Ja, ich meine, Fehler kann jeder mal machen, aber man kann sich dann wenigstens entschuldigen.

Während es im ersten Gesprächsverlauf zu einer Eskalation durch Bs Verhalten kam, hat Person B im zweiten Verlauf A emphatisch zugehört und ihr Gegenüber begleitet. Dadurch kam es zu einer Deeskalation und A wurde ruhiger.

Empathie ist also ein wichtiges Mittel und nicht nur in Form von zustimmendem Nicken möglich. Eine Paraphrasierung oder eine Zusammenfassung des Gesagten kann auch bezwecken, dass sich der Gesprächspartner verstanden fühlt. Das Streben danach, verstanden zu werden, stellt den Grund dafür dar, wieso Person A die Geschichte überhaupt mit B teilt. Sie äußert ihren Frust, um konstruktiv an dem Problem arbeiten zu können.

Der Unterschied zwischen Wertschätzung und Komplimenten oder Lob

Wenn jemand etwas gut gemacht oder uns in einer schwierigen Situation geholfen hat, möchten wir uns gern bedanken. Doch was sagen wir normalerweise?

„Das war super von dir!"
„Danke für deine Hilfe."
„Du bist so ein netter Mensch."

Manchmal sagen wir dann: „Gern geschehen" oder „Kein Problem" oder auch „Das war doch keine große Sache!"

Aber was bedeutet das? Es bedeutet, dass wir es gar nicht so ernst meinen. Das fällt Ihnen vielleicht auf, wenn Sie ein Lob oder ein Kompliment bekommen: Ihnen ist es eigentlich gleichgültig. Vielleicht freut man sich für fünf Sekunden, aber danach ist alles wieder wie zuvor. Das ist besonders dann der Fall, wenn das Kompliment vage formuliert ist wie „Du bist immer so nett."

Mit der Technik der gewaltfreien Kommunikation kann man etwas Hilfreicheres und Nachhaltigeres geben: Wertschätzung. Diese wird nicht vage ausgedrückt, sondern bezieht sich auf konkrete Handlungen, Gefühle und Bedürfnisse.

Bei den vier Schritten der gewaltfreien Kommunikation benennt man zuerst seine Beobachtung, dann sein Gefühl dazu und daraufhin das Bedürfnis, das man gerade dadurch befriedigen konnte. Zuletzt bittet man den anderen oder auch manchmal sich selbst um etwas. Wenn uns also jemand geholfen hat, können wir diese Schritte wieder genauso anwenden. Nur fällt hier die Bitte weg.

Der erste Schritt ist wieder die Beobachtung. Hier sagen wir dem anderen, für welche Handlung genau wir ihm dankbar sind, zum Beispiel: „Ich möchte dir dafür danken, dass du dich gestern so lange mit mir unterhalten hast."

Der zweite Schritt sind die Gefühle, die wir bei oder wegen dieser Handlung empfunden haben. Wir könnten also beispielsweise sagen: „Mir ging es nach unserem Gespräch schon viel besser. Ich konnte sogar richtig gut schlafen."

Der letzte Schritt ist schließlich, unsere erfüllten Bedürfnisse zu benennen: „Ich brauchte das Gespräch gestern wirklich, weil ich so aufgelöst war. Ich habe jemanden gesucht, der mir einfach zuhört und für mich da ist."

Nach einem Kompliment oder einem Lob fühlen wir uns oft nicht anders als vorher. Erst wenn wir wirklich wissen, wie genau wir jemandem das Leben verschönert haben, können wir uns über einen wertschätzenden Kommentar freuen.

Auch Kindern sollte man eher Wertschätzung als Lob entgegenbringen, da dies sie eher motiviert, ihr Verhalten langfristig zu ändern. Einem Kind also zu sagen, dass es „so ein gutes Kind" ist, ist weniger hilfreich, als spezifisch zu benennen, wieso das Kind „so gut" ist.

Anstatt das Kompliment oder das Lob als Urteil zu betonen, bei dem keine konkrete Verknüpfung zu uns selbst herzustellen ist, bringt eine Wertschätzung ein wahres Lächeln aufs Gesicht des anderen, da er explizit nachvollziehen und verstehen kann, worauf wir unsere Aussage zurückführen, wieso wir ihn konkret wertschätzen und inwiefern er uns geholfen hat.

Schweigen ist auch Kommunikation

Es gibt Situationen, in denen man nicht jeden Satz seines Gegenübers kommentieren muss. Dies ist besonders dann der Fall, wenn jemand etwas erzählt, was er sich schon lange von der Seele reden wollte. Einen solchen Redefluss zu unterbrechen, führt eher dazu, dass man ihn nicht wieder aufnehmen kann, weshalb man meist eine Menge von dem verpasst, was der andere eigentlich erzählen wollte.

Schweigen kann auch Teil der gewaltfreien Kommunikation sein. Manchmal stellt es sich sogar als vorteilhaft dar, eine Aussage gar nicht zu kommentieren.

Jedoch ist nicht jedes Schweigen gewaltfrei. Wenn man einen gemeinen Kommentar einer Person ignoriert, um diese im Geheimen und nur im eigenen Kopf zu verurteilen, handelt es sich nicht um ein gewaltfreies, sondern um ein gewalttätiges Schweigen. Es ist deshalb wichtig, die Arten des Schweigens zu unterscheiden. Schweigt man gerade, weil man den anderen aussprechen lassen will? Will man ihn ermutigen, weiterzureden? Oder möchte man ihm ermöglichen, im Stillen zu überlegen, was er sagen möchte? Dann handelt es sich um gewaltfreies Schweigen. Diese Art des Schweigens ermöglicht es anderen, sich etwas von der Seele zu reden. Charakteristisch für sie sind ihre geduldige Art und das Interesse daran, was das Gegenüber sagt. Demnach wird gern auf eine Antwort gewartet. Schweigen entsteht manchmal aber auch nur, wenn das gerade Gesagte verarbeitet werden soll.

Schweigt man hingegen, um ein Gespräch zu vermeiden, welches man nicht führen will, obwohl es eigentlich notwendig wäre, dann handelt es sich um gewaltvolles Schweigen. Diese Art des Schweigens ist egozentrisch, egoistisch und berücksichtigt die Perspektive des Gegenübers nicht. Es sieht den anderen als lästig oder als eine Hürde. Dabei werden ihm weder Respekt noch ein Interesse für seine Gefühle oder Erlebnisse entgegengebracht.

Erwischt man sich dabei, auf eine gewaltvolle Art zu Schweigen, sollte man einen Moment überlegen, aus welchem Grund man nicht antworten will. Eine solche Ursache kann beispielsweise die Tatsache sein, dass man irritiert oder überfordert bezüglich seiner eigenen Gefühle ist.

Es ist nicht schlimm, sich klarzuwerden, dass man aus „den falschen" Gründen schweigt. Wichtig ist nur, darüber nachzudenken. Wieso meint man, man könne jetzt nicht reden? Liegt es an dem anderen? Ist man frustriert mit seinen Antworten und wäre es dann nicht besser, dem Gegenüber dies mitzuteilen, anstatt ihn im Dunkeln raten zu lassen?

Man kann sich nicht ändern, wenn einem selbst das Problem nicht bewusst ist. Da nicht vorausgesetzt werden kann, dass man es selbst erkennt, ist es wichtig, dass es einem erläutert wird.

Schweigen ist demnach also auch ein wichtiges Instrument im Rahmen der gewaltfreien Kommunikation. Schweigt man während eines Gesprächs und lässt man sein Gegenüber sprechen, zeigt das, dass man ihn respektiert und sich für seine Worte interessiert. Man bietet ihm den Raum, alle Anliegen und Gedanken zu äußern, und schenkt ihm die notwendige Aufmerksamkeit. Schweigen ist demnach wichtig und gehört genauso sehr zum Gespräch dazu, wie die ausgesprochenen Wörter.
Zum Thema Schweigen können drei Tipps hilfreich sein:

Tipp 1: Pausen im Gespräch sind nicht schlimm. Wir denken oft, dass wir alle Pausen schnell füllen müssen. Wir nehmen sie als etwas Negatives und Störendes wahr. Vielleicht denken wir, dass Pausen dem anderen zu verstehen geben, wir hätten nichts zu sagen oder wir würden ihn nicht genügend schätzen, um mit ihm zu sprechen. Einigen Menschen sind sie einfach unangenehm. Trotzdem sollten wir Pausen willkommen heißen. Sie sind ein wichtiger Teil der Konversation und sagen viel über uns und den anderen aus. Pausen werden außerdem länger geschätzt, als sie eigentlich sind. Ergibt sich eine Pause? Kurz durchatmen und schauen, ob sie immer noch so schlimm ist. Wenn wir dann wieder etwas sagen wollen, was uns wichtig ist, können wir es einfach äußern.

Tipp 2: Auch schweigend kann ein Gespräch anfangen. Es ist genau in diesen Momenten, in denen wir entscheiden können, wo das Gespräch hingehen soll.

Tipp 3: Nutzen Sie die Pausen konstruktiv und beobachten Sie Ihr Gegenüber. Welche Farbe hat sein Oberteil und welche Dinge tut er, wenn er dabei ist, etwas zu sagen? Pausen schärfen unser Verständnis für die andere Person und lassen uns verstehen, wie sie denkt. Wir können sie besonders dann kennenlernen, wenn sie gerade dabei ist, etwas zu sagen oder wenn ihr eine Pause unangenehm vorkommt.

Wie gewaltfrei kann Schreien sein?

Schreien ist immer gewalttätig, nicht wahr? Es ist laut, aggressiv und konfrontierend. Jedoch muss es das nicht immer sein. Man kann nämlich auch gewaltfrei schreien. Schreit man mit Gewalt, richtet sich das Geschriene an die anderen: „Hört jetzt auf zu streiten, verdammt!"

Man ist am Ende mit seinen Nerven, es scheint nichts anderes mehr zu funktionieren und die Verzweiflung lässt einen einfach überkochen. Man fühlt sich frustriert sowie überfordert und das Schreien scheint der einzige Ausweg zu sein.

Doch was bekommt man meistens zurück, nachdem man geschrien hat? Weiteres Schreien oder zumindest lautes Rufen. „Er hat angefangen! Das ist nicht fair!"

Die Situation, die man versucht hat, mit seinem lauten Ton zu beschwichtigen, geht plötzlich in die andere Richtung über und meist entsteht genau das, was man nicht wollte: mehr laute Stimmen, mehr Aggression und mehr Verzweiflung.

Anstatt, dass sich das Gespräch bessert, wird es nur hitziger und schlimmer.

Kann Schreien also überhaupt gewaltfrei sein? Darauf gibt es eine einfache Antwort: Ja, kann es.

Denn während man beim gewalttätigen Schreien die Handlungen und „Fehler" der anderen ausspricht und beklagt, manchmal sogar dieses Verhalten als Ursache seiner schlechten Laune benennt, tut man das beim gewaltfreien Schreien nicht.

Hier geht man auf sich selbst und seine eigenen Gefühle ein. Man schreit zum Beispiel: „Ich hatte heute einen langen anstrengenden Tag und mir geht es schlecht. Ich bin müde und ich habe Kopfschmerzen."

Die Reaktion auf diese Art des Schreiens ist anders und

konstruktiver. Vielleicht hört man von den bis hierhin streitenden Kindern: „Möchtest du darüber reden?“

Das Grundlegende beim gewaltfreien Schreien ist, dass man das Verhalten der anderen nie als Grund für das eigene schlechte Gefühl sieht. Zudem darf man das Verhalten der anderen keineswegs als schlecht, falsch oder unmoralisch erklären. Man bewertet auch hier nicht die Handlungen der anderen, sondern bleibt mit seinen Gefühlen und Bedürfnissen bei sich selbst.

Das gewaltfreie Schreien dient dem Ablassen von Frust, dem Erhalten von Aufmerksamkeit und dem Beschwichtigen. Einerseits erklärt es und andererseits lädt es die Mitmenschen dazu ein, Empathie zu zeigen sowie zuzuhören. Es ist besonders dann zu empfehlen, wenn die Gefühlslage einer Person von Verzweiflung oder Frustration geprägt ist.

Manchmal wird Menschen bereits geholfen, indem ihnen lediglich jemand zuhört.

Wie kommt es zu Blockaden und wie kann man sie auflösen?

Man könnte meinen, dass die Kommunikation mit jeglichen Mitmenschen keine Probleme mehr erzeugen wird, sobald man sich mit der Technik des gewaltfreien Kommunizierens vertraut gemacht hat. Es könnte vermutet werden, dass die gewaltfreie Kommunikation das fehlende Allheilmittel ist, welches lange Zeit in dem Umgang zwischen Menschen gefehlt hat. Diese Annahmen sind berechtigt, denn die gewaltfreie Kommunikation kann in zahlreichen Kontexten Anwendung finden, weist einige Vorteile auf und verspricht vieles, auch wenn sie dies gar nicht beabsichtigt hat. Jedoch reicht das alleinige Wissen darüber, wie gewaltfreie Kommunikation funktioniert, und die Einübung ihrer Strategien, Grundsätze und Methoden nicht aus. Zwar kann dies Menschen helfen, mit beispielsweise einer umzugehen, in der die gewaltfreie Kommunikation perfekt wäre und man sie anwenden oder üben könnte. Aber schnell bemerkt man, dass man die Sätze nur in seinem Kopf sagen kann. Einem Großteil der Menschheit fällt es schwer, sich dazu zu bringen, auch laut und öffentlich gewaltfrei zu sprechen.

Diese Tatsache kann auf vielen Gründen beruhen. Gewaltfreie Kommunikation ist komplex. Einige Menschen haben vielleicht Angst, sie würden sich nicht an alle Regeln halten und daher entgegen der Grundsätze handeln. Andere wiederum denken vielleicht, dass die Anwendung einer gewaltfreien Sprache bei den anderen zu einer Abwertung führt. Aber der wahrscheinlich häufigste Grund ist, dass man selbst nicht genug Empathie entgegengebracht bekommen hat und daher auch für andere keine aufbringen kann.

Marshall Rosenberg nennt in seinem Buch zur gewaltfreien Kommunikation das Beispiel einer hungernden Mutter, die aufgrund ihrer fehlenden Nahrungsaufnahme auch ihr Baby nicht stillen kann. Man braucht also erst selbst Empathie, um diese dann auch anderen entgegenbringen zu können.

Wie kann man diese Blockade nun also lösen? Manchmal befinden wir uns in einer Situation, in der wir keine Empathie von anderen Personen erhalten. Sollen wir dann einfach auf die Kommunikation mit anderen verzichten?

Nein, denn andere Personen sind nicht die einzigen, die uns Empathie entgegenbringen können. Wir selbst können genauso einfühlsam und emphatisch mit uns umgehen wie auch mit anderen Menschen.

Der Schlüssel, um die Blockade zu lösen, die uns davon abhält, mit anderen gewaltfrei zu kommunizieren, liegt also darin, uns selbst genügend Empathie entgegenzubringen, um diese auch seinen Mitmenschen geben zu können.

In einer Situation, in der Sie sich geschafft fühlen und keine Lust haben, anderen gewaltfreie Kommunikation anzubieten, konzentrieren Sie sich bestenfalls einen Moment auf sich selbst. Sagen Sie sich zum Beispiel so etwas wie „Du bist geschafft und du wünschst dir, dass auch er das sieht und darauf Rücksicht nimmt. Du möchtest deine Ruhe und dich überfordert das Gespräch, weil du gerade keine Energie mehr aufbringen kannst."

Sich seine persönliche Lage einzugestehen und sich selbst zuzuhören, kann Wunder bewirken und innerlich wieder für neue Energie sorgen.

Das gemeine Gefühl Ärger: Auslöser und Ursache unterscheiden lernen

Tim ist neun Jahre alt und geht in die dritte Klasse. In der großen Pause spielt er mit seinen Freunden auf der großen Wiese. Als er kurz davor ist, das entscheidende Tor zu schießen, rutscht er auf dem nassen Gras aus. Daraufhin fliegt der Ball gegen eine der Latten. Verärgert sitzt Tim im Gras und ballt seine Hände zu Fäusten. „Mist!"

Am gleichen Tag geht Tims Mutter zur Arbeit. Als sie sich an ihren Computer setzt, merkt sie, dass ihr Buchhaltungsprogramm immer noch nicht funktioniert. Sie ärgert sich über die IT-Abteilung der Firma und ruft dort an, um sich zu beschweren. „Wie soll ich denn jetzt arbeiten? Ich brauche das Programm!"

Das Gefühl des Ärgers begegnet uns in allen Altersstufen und in den unterschiedlichsten Situationen. Manchmal kommt es plötzlich und manchmal steigert sich die Wut langsam und still, bis wir so verärgert sind, dass uns das Schreien als letzter Ausweg erscheint. Erwachsene und Kinder allen Alters ärgern sich, sind wütend oder stur. Das gemeine Gefühl kommt einfach und meistens tragen die anderen die Schuld dafür. Aber ist das wirklich so?

In diesem Kapitel werden wir das lästige Gefühl und seine Funktion unter die Lupe nehmen. Es wird erforscht, was uns ärgert und was wir dagegen tun können. Sind es wirklich immer die anderen?

Das Wort „Auslöser" wird von vielen Menschen als Synonym zu „Ursache" benutzt. Demnach wäre die Ursache auch der Auslöser und der Auslöser die Ursache. Tim trifft das Tor nicht, weil er auf dem nassen Gras ausrutscht. Also ist das nasse Gras der Auslöser seiner Wut. Tims Mutter ärgert sich über das nicht funktionierende Programm. Hier ist der Auslöser die IT-Abteilung der Firma, die sich noch nicht um das

Problem gekümmert hat.

Aber ist das auch alles die Ursache? Marshall Rosenberg widerspricht dieser Vermutung und sieht einen zentralen Unterschied zwischen Auslöser und Ursache. Während unser Ärger meist von außen, beispielsweise durch das Verhalten anderer Menschen oder bestimmte Umstände, ausgelöst wird, liegen die Ursachen eines Gefühls in Form von unbefriedigten Bedürfnissen in uns selbst.

Was ist Tims Ursache also? Würde man Tim fragen, würde er sagen: „Dass der Ball das Tor verfehlt hat, wegen dem blöden Rasen!"

Tims Mutter, die vielleicht gerade dabei ist, mehr über die gewaltfreie Kommunikation zu lernen, würde nach einer kurzen Reflexionspause sagen: „Ich möchte heute gerne einiges schaffen. Das Bedürfnis, dass alles glatt läuft und das Programm funktioniert, ist unbefriedigt. Ich habe viel Druck auf der Arbeit und das frustriert mich. Ich habe Angst, dass ich meine Aufgaben nicht schaffe."

Sie merkt also, dass die IT-Abteilung zwar ihren Ärger ausgelöst, ihn aber nicht verursacht hat.

Im Folgenden können Sie ein weiteres Beispiel, wie Bedürfnisse unseren Ärger verursachen, lesen:

Mia und Tom haben sich zum gemeinsamen Kaffeetrinken verabredet. Mia ist schon im Café und wartet auf Tom. Sie hat nach der Verabredung ein wichtiges Vorstellungsgespräch. Tom kommt zu spät, worüber sich Mia ärgert. „Wir haben drei Uhr gesagt, du bist zu spät!"

An einem anderen Tag sitzt Mia wieder im Café und wartet auf Tom, der wieder zu spät ist. Als er heute dann kommt, lacht Mia nur und sagt, nachdem sich Tom entschuldigt hat, dass es kein Problem sei. Heute hat Mia sowieso nichts vor und die Zeit, die sie auf Tom gewartet hat, konnte sie damit verbringen, eine E-Mail auf ihrem Laptop zu verfassen.

Im ersten Szenario hat Mia das Bedürfnis, die Stelle zu bekommen, für die sie danach ein Bewerbungsgespräch hat. Als sie befürchtet, es nicht rechtzeitig zu schaffen, weil Tom zu spät ist, hat sie einen Grund für ihre Angst, es nicht rechtzeitig zu schaffen. Vielleicht hat sie sich bewusst vorgenommen, vor dem Gespräch in Ruhe mit Tom Kaffee zu trinken und kann dies nun nicht tun, da dieser zu spät ist.

Im zweiten Szenario hat sie den Druck nicht. Ihr kommt es sogar entgegen, dass Tom zu spät ist, da sie dadurch noch Zeit hat, die E-Mail zu schreiben. In diesem Fall bleibt demnach kein Bedürfnis unbefriedigt. Stattdessen kann sie sogar ein Bedürfnis dank Toms Unpünktlichkeit erfüllen. So ist sie auch nicht sauer auf ihn, als er dann zum Treffen erscheint.

Ärger entsteht also nicht durch das Verhalten anderer, sondern durch unsere Bedürfnisse und die Tatsache, dass diese durch das Verhalten der anderen nicht erfüllt werden können. Tim ist demzufolge nicht aufgrund des rutschigen Grases verärgert, sondern dadurch, dass sein Bedürfnis, ein Tor zu schießen, unbefriedigt bleibt. Wäre es beispielsweise sein Bedürfnis gewesen, die anderen Kinder zum Lachen zu bringen, wäre er nicht sauer gewesen.

Kann man seine Bedürfnisse ändern? Nein, aber stattdessen kann man sich bewusst werden, was die Ursache und der Auslöser des Ärgers sind. Wenn man darüber Bescheid weiß, dass in einem selbst ein Bedürfnis verborgen ist, das gerade durch das Verhalten einer anderen Person oder einen Umstand bedroht wird, kann man konstruktiv mit seinem Ärger umgehen. Anstatt andere zu verurteilen, zu beschimpfen oder sich angegriffen zu fühlen, kann man das Bedürfnis benennen, das durch das Verhalten der anderen unbefriedigt wurde. Erklärt man sich dies selbst und erläutert man die Situation dann seinem Gegenüber, kann man gemeinsam an dem Problem und an dem Gefühl arbeiten.

Auch mit sich selbst kann man gewaltfrei kommunizieren

In diesem Kapitel wird es persönlich. Ich möchte eine Geschichte erzählen. Bis vor ein paar Monaten hatte ich ein Problem damit, dass ich immer angespannt war. Egal, was ich tat, es war irgendwie nie genug. Ich sagte mir immer, dass es darauf zurückzuführen ist, dass die anderen mich verurteilen würden, würde ich nicht in der Intensität und auf diese Art und Weise handeln. Als ich dann mit jemandem über meine Sorge sprach, wurde mir in einem Moment der Klarheit bewusst, dass es keine Person gibt, die mir sagte, ich solle alles genau so machen. Noch nie hat mir jemand mitgeteilt, dass meine Taten nicht genug seien - zumindest keiner meiner Mitmenschen. Denn ich war es. Ich sagte mir selbst, dass ich nicht genug sei und nicht genug täte. Wenn ich dann mal was tat, vermutete ich sofort, dass ich es viel zu schlecht erledige. Mir wurde schnell klar, dass ich es selbst war, der nicht richtig mit mir umging. Ich drangsalierte mich innerlich, zwang mich zu Sachen, die ich nicht wollte und die nicht gut für mich waren. Und die ganze Zeit dachte ich, da stände jemand anderes, der sagte, ich sei nicht genug. Dabei war da niemand.

In diesem Moment wurde mir bewusst, dass gewaltfreie Kommunikation nicht nur nach außen gehen kann, sondern auch nach innen gerichtet sein sollte. Denn wenn man mit sich selbst nicht gewaltfrei kommunizieren kann, dann kann man das auch nicht mit anderen Menschen. Gewaltvoll zu kommunizieren und keine Gnade mit sich selbst zu haben, führt zu mehr Schaden als Freude oder Erfolg.

Die gewaltfreie Kommunikation sollte deshalb nicht nur nach außen in unsere Umwelt getragen werden, sondern auch nach innen. Die vier Schritte, die wir im Umgang mit anderen verwenden, sollten wir demnach auch im Umgang mit uns selbst berücksichtigen.

Wie soll man sich selbst beobachten? Hier kommt eine Technik zum

Einsatz, die schon im Rahmen der Gesprächstherapie verwendet wurde, die sogenannte Technik mit dem leeren Stuhl.

Stellen Sie sich vor, Sie seien nicht Sie selbst. Stellen Sie sich vor, Sie seien jemand anderes, ein Außenstehender, der Sie selbst beobachtet hat. Und nun blicken Sie aus einer anderen Perspektive auf sich. Sie wechseln den Stuhl. Sie setzen sich in den Stuhl gegenüber von sich selbst und schauen auf den leeren Stuhl. Was sagen Sie sich selbst? Was würden Sie einer anderen Person sagen, wenn diese in einer solchen Situation stecken würde?

Mit dieser Technik kann aus einem „Ich muss jetzt noch saugen, sonst sieht das Haus aus wie Sau!" ein „Ich habe heute schon viel gemacht. ich kann mir jetzt erst einmal eine Pause gönnen. Vielleicht sauge ich nachher noch." werden.

Wir selbst sind immer unsere strengsten Kritiker. Wenn jemand anderes in genau dieser Situation zu uns käme, würden wir ihm vermutlich etwas anderes raten als das, was wir selbst tun.

Während wir jemand anderem sagen würden: „Putz doch nachher weiter und gönn dir eine Pause. Du hast schon so viel geschafft!" bestehen wir bei uns selbst darauf, es jetzt zu schaffen. Andernfalls würden wir uns als Versager wahrnehmen oder uns als faul betiteln.

Den zweiten Schritt der gewaltfreien Kommunikation, der sich mit den Gefühlen befasst, können wir ohne jegliche Änderung im Dialog mit uns selbst verwenden.

„Ich fühle mich überfordert mit der Hausarbeit." oder „Ich bin stolz darauf, dass ich heute schon so viel geschafft habe."

Man hört also einfach auf die Gefühle, die eh schon in der inneren Stimme vereint sind. Die innere Stimme ist ein Ausdruck dessen, was uns gerade stört oder was wir von uns erwarten. Sie kann auch in die andere Richtung gehen, dann nennt man sie den inneren Schweinehund. Dieser sagt uns dann, wir sollten doch einfach nachgeben, uns auf die Couch legen und nie wieder saugen. Wer braucht schon Sauberkeit?

Im dritten Schritt geht es um die Bedürfnisse, die wir gerade haben.

Dieser Schritt fällt einigen Menschen schwer und einfach zugleich. Wir wissen, was wir brauchen und was jetzt sein muss, jedoch ist es gleichzeitig sehr mühselig gegen die laute, innere Stimme anzuschreien und ihr zu sagen, dass wir jetzt wirklich etwas anderes brauchen oder gar nicht der Meinung sind, die sie gerade vertritt.

„Ich bin erschöpft. Ich brauche Ruhe, bevor ich weiterarbeiten kann."

Natürlich ist der ideale Weg in dieser Situation die Befriedigung des Bedürfnisses. Wenn wir dies gerade nicht tun können, können wir mit uns verhandeln.

Beispielsweise so: „Ich bin erschöpft und brauche Ruhe, aber die Gäste kommen bald, deshalb werde ich jetzt noch saugen und danach kann ich mich entspannen."

Der vierte Schritt der gewaltfreien Kommunikation mit uns selbst wendet sich von uns an uns. Er verändert sich wohl am meisten von den vier Schritten, wenn wir ihn innerlich ausführen. Denn während wir uns im vierten Schritt eigentlich an jemand anderen richten, richten wir uns hier erneut an uns selbst. Wir schreiben uns eine mentale Notiz oder versuchen für das nächste Mal zu lernen: „Es ist besser, einen Tag vorher schon mit dem Säubern des Hauses anzufangen, wenn ich Gäste erwarte, da ich mich sonst vielleicht überfordert fühle und alles an einem Tag machen muss."

Der fünfte Schritt, der in der äußerlichen Version der gewaltfreien Kommunikation nicht existiert, besteht hier darin, selbst die Bitte „abzunicken". Man muss vor sich selbst zugeben, dass man sie verstanden hat und sein Bestes geben wird, schließlich möchte man nur das Beste für einen selbst.

Das Wort „Sollen“ und die Sklaverei, aus der man herauskommen kann

Auch mit sich selbst kann ein gewaltfreier Umgang Wunder bewirken. Was bedeutet das eigentlich abgesehen davon, dass man nett zu sich ist und sich nicht so sehr kritisiert, wie man es sonst immer getan hat? Vieles davon liegt in dem kleinen Wörtchen „Sollen“. Wir sagen und hören es auch gern in seinen Formen „sollte“, „solltest“ und „sollst“. Was ist so schlimm an diesem Wort und wieso zwingen wir uns zu einem Handeln, das keinen Sinn ergibt?

Sicherlich kennen Sie die zehn Gebote aus der christlichen Bibel. Sie sehen alle in etwa so aus: „Du sollst nicht…“ oder „Du sollst…“. Das sagt schon einiges über den Gebrauch dieses Wortes aus. Es ist bestimmend und dem Wort „Müssen“ sehr ähnlich. Es ist entschieden sowie autoritär und kennt keine Gnade, auch nicht in unserem Kopf. Wir erlegen uns gern Tätigkeiten auf, die wir eigentlich nicht tun müssten. Und dies tun wir ganz selbstverständlich.

Manchmal ist es das Geburtstagsgeschenk, das wir für die Arbeitskollegin besorgen, die wir eigentlich nicht mögen: „Ich sollte noch das Geschenk für Gitta besorgen…“. Andernfalls kann es auch eine lästige Hausarbeit sein: „Ich sollte noch saugen.“

Schon im letzten Kapitel ging es um die Beziehung zu uns selbst und wie diese das Verhältnis zu allen Personen um uns herum beeinflusst. Mögen wir uns selbst nicht genug, um uns eine Auszeit zu gönnen, werden wir diese anderen auch nicht gönnen. Doch beim Wort „Sollen“ handelt es sich um einen so lästigen kleinen Ohrwurm, der zwei Kapitel in diesem Buch beansprucht, da er sowohl unsere Sprache als auch unsere Gedanken betrifft. Wir benutzen das Wort, ohne es zu bemerken. In der Häufigkeit, in der Menschen es verwenden, wäre es eigentlich längst an der Zeit, dass erkannt wird, welchen Schaden es anrichten kann. Unter anderem nimmt es uns jegliche Freiheit. Durch den Begriff „Sollen" erhält jede Aktivität ein Gefühl, ohne dass wir vorher gefragt worden sind. Und da wir das Problem und dessen Auswirkungen auf unser Leben nicht, reichen wir es immer weiter an folgende Generationen. So ist das Wort ein Parasit, der sich von Kopf zu Kopf ausbreitet.

Was ist jetzt genau das Problem? Das werden Sie sich vielleicht schon beim Lesen dieses Kapiteltitels gefragt haben. Das Problem liegt in der Freiheitsberaubung dieses Wortes und ich möchte Ihnen nun nicht sagen, dass Sie das, was Sie nicht mehr machen wollen, einfach nicht mehr machen müssen. Denn manche Sachen sind wichtig und langfristig gesehen sehr klug. Denn auch wenn Sie Gitta aus Ihrem Büro vielleicht nicht mögen, kann es sein, dass es zu einer merkwürdigen Stimmung im Büro kommt, wenn Sie ihr kein Geschenk kaufen oder sich beim Schenken ausklinken. Und ja, das Staubsaugen ist eine Aktivität, auf deren Ausführung die meisten Menschen selten Lust haben. Trotzdem ist sie wichtig, da sich durch Schmutz Viren und Krankheiten in unseren Wohnungen und Häusern verbreiten können. Es gibt also durchaus Handlungen, deren Ausübung von Bedeutung ist und die ein kluger Mensch macht. Aber worauf es ankommt, ist, wie wir uns diese Arbeit im Kopf präsentieren. Denn wir sagen uns immer, wir hätten keine Wahl. Wir sollen oder müssen es eben tun. Aber das ist Quatsch, denn wir haben immer eine Wahl.

Was kann man jetzt besser machen? An dieser Stelle, an der Sie all das wissen und sich darüber im Klaren sind, dass „Sollen" kein freies und nettes Wort ist, das man zu sich oder zu anderen andauernd sagen kann, wissen Sie immer noch nicht, wie man es besser macht und was es für die Erziehung Ihres Kinder bedeutet.

Dies kann anhand des folgenden Beispiels besser verstanden werden:

Der neunjährige Tim hat ein unordentliches Zimmer. Überall liegt etwas auf dem Boden und man sieht kaum noch die Möbel im Zimmer. Um ihn zum Aufräumen zu bringen, kommt seine Mutter in sein Zimmer und hebt ein dreckiges Shirt vom Boden. „Wie sieht das denn hier aus? Bist du ein Kind oder ein Tier?“

Tim antwortet unbeeindruckt: „Ich mag es so.“

„Das glaube ich nicht. Niemand mag so eine Unordnung. Stell dir mal vor, ich würde nicht mehr sauber machen und das Wohnzimmer nicht aufräumen. Das würdest du auch nicht mögen.“

Tim lacht und meint dann: „Doch, das wäre doch lustig.“

„Das glaube ich eher nicht. Räum jetzt auf, bitte.“
Doch Tim räumt trotzdem nicht auf, sondern macht nun einen Spaß daraus, alles nur noch unordentlicher zu machen.

Dieses Szenario zeigt nicht nur, dass man Kinder nicht zu Ordnung zwingen kann, wenn man beabsichtigt, dass sie diese wirklich verinnerlichen und schätzen. Aber noch viel wichtiger ist, dass man an diesem Beispiel sieht, dass die Mutter von Tim diejenige ist, die einen Soll-Satz im Kopf hat, der ihr Handeln und Sprechen beeinflusst: Ich soll Ordnung halten. Als sie versucht, Tim diesen Standard näherzubringen, indem sie Tims mit ihrer eigenen Situation vergleicht, stößt sie auf Widerstand. Man merkt außerdem, dass Tim mit der Unordnung in seinem Zimmer wirklich kein Problem zu haben scheint, seine Mutter hingegen liegt es sehr daran, dass ihr Sohn ein ordentliches Zimmer hat. Die eigenen Soll- und Muss-Sätze beeinflussen demnach auch die Erziehung des eigenen Kindes. Wieso muss Tim ein ordentliches Zimmer haben?

Vielleicht möchte seine Mutter ihm Ordnung beibringen.
Vielleicht stört es sie einfach nur selbst.
Aber vielleicht denkt sie auch, dass ein ordentliches Zimmer als Norm gilt und nichts davon abweichen darf.

Wir selbst denken uns also Sätze aus, die wie die zehn Gebote in der Bibel ein „soll“ oder „soll nicht“ beinhalten. Nach einer gewissen Zeit wissen wir gar nicht mehr, wieso wir uns überhaupt an diese Gebote halten. Argumente bei einer Nachfrage sind häufig solche wie „Das gehört sich eben so“ oder „Das war schon immer so / habe ich schon immer so gemacht.“ Mithilfe der gewaltfreien Kommunikation lernt man, die eigenen Gebote zu hinterfragen. Es ist legitim, Gebote zu haben, jedoch ist es sinnvoll, diese immer wieder kritisch zu betrachten, bevor wir sie, ohne sie zu hinterfragen, an unsere Kinder weitergeben.

Warum erzieht man? - Die Philosophie der gewaltfreien Kommunikation und das Thema der Freiwilligkeit

Als ich ein Kind war, wurde mir gesagt, ich solle mein Zimmer aufräumen. Danach musste ich den Müll rausbringen und erst dann durfte ich spielen gehen.

Wörter haben Macht. Sie können unsere Einstellung zu Themen und Aufgaben verändern und dafür sorgen, dass wir Widerstand leisten oder kooperieren wollen. Die gewaltfreie Kommunikation möchte deshalb spezielle Wörter vermeiden und für eine bessere und gesündere Kommunikationsweise zwischen Bezugsperson und Kind sorgen.

Tagtäglich sagt man Kindern, was sie zu tun und zu lassen haben. Dies tut man mit einer einfachen Begründung: Ich bin erwachsen und weiß, was gut ist. Man möchte zum Beispiel sein Kind schützen, seinem Kind beibringen, womit es im Leben nicht durchkommen wird und wie man sich in unserer Gesellschaft zu verhalten hat. „Es gehört sich nicht, die Zunge herauszustrecken. Man macht dies und jenes einfach nicht."

Dieses Tadeln und die Betonung von Fehlern passieren unter dem Deckmantel der Erziehung, aber sind sie das auch? Und noch viel wichtiger: Sollte so Erziehung sein?

Erziehung hat sich in den letzten hundert Jahren verändert. Noch vor einem Jahrhundert und weit danach waren Schläge und emotionale Misshandlung die Norm. Wenn das Kind einen Keks aus der Schüssel genommen hat, hat man es dafür auf die Hand gehauen und es auf sein Zimmer verbannt: „Denk darüber nach, was du falsch gemacht hast. Wenn du es verstanden hast, darfst du wieder rauskommen!". Diese Art der Erziehung nahm eine drastische Kurve, als in den 1960er und 1970er Jahren die antiautoritäre Erziehung aufkam. Anstatt dem Kind nun für jeden

Fehler eine Strafe aufzudrücken, sagte man gar nichts mehr. Das Kind durfte machen, was es wollte. Dies endete mit fast genau dem gleichen Problem: Sowohl die Kinder, die eine autoritäre Erziehung erfahren haben, als auch die Kinder, die antiautoritär erzogen wurden, hatten in ihrem späteren Leben Probleme. Die einen schrieben sich jedes Problem selbst zu und hatten kein Selbstbewusstsein, während die anderen der Meinung waren, dass ihnen alles zusteht und Mitmenschen weder zu respektieren noch zu akzeptieren sind.

Warum erzieht man? Das ist eher eine philosophische als eine pädagogische Frage, denn sie geht so viel weiter in die menschliche Psyche hinein als gedacht. Auf den ersten Blick erzieht man vielleicht, weil man sein Kind auf die Welt vorbereiten und im eigenen Haushalt mit ihm klarkommen will. Wer möchte schon einen Chaoten im Haus haben, der alles überall liegen lässt? Also muss man den Kleinen erziehen, damit er seine Spielsachen und Klamotten ordnen kann.

Vielleicht ist es für einige schwer vorstellbar, dass noch ein weiteres Ziel hinter dem Erziehen seiner Nachkommen stecken kann. Aber aus Sicht der gewaltfreien Kommunikation stehen in der Erziehung primär der Schutz und die Begleitung der Kinder im Vordergrund. Kindern sollen ihre eigenen Fehler machen, ihre eigenen Entscheidungen treffen, solange dabei ihre Gesundheit in keiner Form gefährdet wird. Die gewaltfreie Kommunikation findet mit der wertschätzenden Erziehung einen Mittelweg, der zwischen dem Autoritären und dem Antiautoritären zu positionieren ist.

Wie sieht das genau aus? Dieser erzieherische Mittelweg möchte Kinder schützen, aber sie zu gewissen Handlungen auch nicht zwingen. Möchte ein Kind vor dem Abendbrot Süßigkeiten haben, wird man hier nicht wie bei der autoritären Erziehung auf die Finger schlagen oder das Kind anderweitig bestrafen. Man wird aber auch nicht einfach mit den Schultern zucken und das Kind sich den Magen verderben lassen, wie es bei der antiautoritären Erziehung der Fall sein kann. Bei dem erläuterten Mittelweg erklärt man dem Kind, warum es zu diesem Zeitpunkt keine Süßigkeiten bekommt. Wenn sich das Kind weiterhin beschwert, diskutiert und schreit man nicht, sondern geht emphatisch mit der Situation um: „Ich weiß, Süßigkeiten wären jetzt so toll und du hast dich schon so auf deine Lieblingsschokolade gefreut. Vermutlich denkst du jetzt, dass ich ganz doof bin, weil ich es dir nicht erlaube. Ich weiß, dass ist ein ganz gemeines Gefühl."

Man begleitet das Kind so auch durch schwierige Trotz-Situationen oder durch Streitgespräche. Diese Begleitung wird mit einer wertschätzenden und erklärenden Haltung verbunden.

Man erklärt also den Grund für gewisse Entscheidungen. Dabei lässt man das Kind nie spüren, dass es nicht geliebt wird, würde es dies oder jenes tun. Will das Kind einer bestimmten Aktivität nicht nachgehen, akzeptiert man das und zwingt es nicht dazu. Das führt dazu, dass das Kind nicht aus Angst vor Strafe oder aus Resignation handelt, sondern nur dann, wenn es das möchte.

Wieso erziehen wir Kinder? Wir erziehen Kinder, um sie zu schützen und um ihnen einen sicheren Raum zu bieten, in dem das Machen von Fehlern nicht verwerflich ist. Eine Hand über der heißen Herdplatte ziehen wir weg, aber wird erst einen Abend vor der Arbeit angefangen zu lernen, sagen wir nichts dazu. Wir lassen das Kind Fehler machen, da dies eine effektivere Weise des Lernens ist, als sie vor Fehlern bewahren zu wollen. Kinder lernen am besten durch Erfahrungen.

Die Wissenschaft konnte uns schon zeigen, dass Kinder gewisse Sachen einfach wissen und für bestimmte Dinge ein Gespür haben. Wir sollten sie zu einigen Dingen nicht zwingen, da dies eher darin endet, dass sie diese genau deshalb nicht tun werden.

Ich möchte hierzu noch einmal ein persönliches Beispiel benennen:

Meine Eltern sind sehr unterschiedlich. Auch wenn sie immer ein Team waren, sind sie doch auf eine andere Art und Weise mit bestimmten Situationen umgegangen, die sich im Laufe meiner Kindheit darstellten. Eine dieser Situationen war die Hilfe im Haushalt. Mein Vater hat mir die Aufgaben im Haushalt immer als „nicht optional, sondern verpflichtend“ erklärt: „Du musst hier auch mal mehr mithelfen. Räum doch jetzt den Geschirrspüler aus.“

Ich tat es, aber innerlich hasste ich es.

An einem anderen Tag hingegen fragte mich meine Mutter: „Kannst du mir beim Geschirrspüler helfen?“ Sie hatte mich zuvor nie zur Hausarbeit gezwungen und ich wusste, ich konnte immer Nein sagen, wenn ich wollte.

Ich half ihr und das sogar gern. Ich wollte ihr zu helfen und bot mich auch sonst öfter freiwillig an: „Soll ich den Müll rausbringen oder brauchst du noch bei einer anderen Hausarbeit Hilfe?“

Dank meiner Mutter hasste ich die Hausarbeit nicht. Sobald mich mein Vater jedoch fragte, verspürte ich sofort Widerstand. Oft drückte ich mich vor seinen Aufforderungen.

Mittlerweile ist mir klar, wieso das so ist: Bei meiner Mutter wusste ich, dass ich es nicht machen musste. Ich konnte Nein sagen, wenn ich es wollte. Sie zwang mich zu nichts. Außerdem stellte sie es nie wie ein Befehl dar. Sie fragte mich, ob ich ihr helfen könnte. Es war also etwas, was wir gemeinsam taten und nicht etwas, was mir aufgetragen wurde. Mein Vater hingegen ließ mir keine Wahl. Ich musste das tun, was er mir befahl, ohne dem widersprechen zu dürfen. Immer wenn ich Nein sagte, hörte ich eine minutenlange Rede über Verantwortung und wie ich doch sonst immer als erwachsener Mensch behandelt werden wollte.

Allein eine Wahl zu haben und zu wissen, dass man widersprechen und eine eigene Meinung haben kann, erleichtert es selbst den Teenagern, die mitten in der Pubertät stecken, einfach Ja zu sagen und zu helfen.

Die gewaltfreie Kommunikation ist solange gewaltfrei, wie sie ohne Zwänge durchgesetzt wird. Es geht bewusst darum, Kinder zu nichts zwingen zu müssen. Man muss ihnen nichts befehlen, um die Resultate zu bekommen, die man erwartet. Das beste Rezept für eine gute Zusammenarbeit ist Respekt.

Wie hört man richtig zu und wieso ist es aktiver, als man denkt?

Die Hälfte der Kommunikation ist das Zuhören. Man nimmt sich dabei selbst immer eher teilnahmslos oder passiv wahr. Der andere spricht und man selbst hört zu. Schon in der Schule lernt man, dass man selbst den Mund zu halten und die Ohren geöffnet haben soll, wenn cine andere Person gerade am Reden ist.

In der Schule wird Zuhören oft als schwer oder langweilig empfunden. Besonders Kinder, denen es schwerfällt, still sitzen zu bleiben oder ruhig zu sein, haben Probleme damit, einfach nur zuzuhören.

Zuhören ist aktiver und weniger leicht, als man denkt. Zuzuhören ist nicht nur die Hälfte der Kommunikation, sondern auch der Grund, wieso sie überhaupt funktioniert. Stellen Sie sich einmal vor, wir würden überhaupt nicht auf andere hören und einfach immer sofort das ansprechen, was uns gerade in den Sinn kommt. Die Gespräche, die wir führen würden, würden sich nur um uns selbst drehen. Dabei wäre eine richtige Interaktion mit dem Gegenüber kaum möglich. Unsere Gedanken wären stets auf uns selbst und unsere Sichtweise konzentriert.

Zuhören sollte nicht als passiv dargestellt werden. Es ist ein wichtiger Teil der gewaltfreien Kommunikation und der Schlüssel zum Verständnis.

Wie hört man richtig zu? Das ist die Frage, die man sich selbst noch im Erwachsenenalter stellt. Denn schließlich hört man, was andere sagen. Man verarbeitet es, aber manchmal schweift man eben in seinen Gedanken ab oder versteht die andere Person falsch.

Aktives Zuhören ist ein zentrales Stichwort. Es wird unter anderem auch in der Psychotherapie verwendet, ist aber ein wichtiger Teil des Alltags, denn es lässt den anderen wissen, dass er eben gerade nicht gegen eine Wand redet, von der nichts zurückkommt.

Aktives Zuhören bedeutet, das widerzuspiegeln, was der andere sagt. Dies kann anhand des folgenden Beispiels besser nachvollzogen werden:

A: Ich war gestern schwimmen und da habe ich mir doch glatt einen Sonnenbrand geholt!
B: Also warst du im Freibad?
A: Ja, in dem neuen. Warst du auch schon einmal da?

Hätte B einfach nur genickt oder „Aha“ gesagt, wäre die Konversation wahrscheinlich geendet. Zudem hätte A sich wahrscheinlich nicht gehört gefühlt, wenn nur ein Nicken zurückgekommen wäre. Stattdessen hat B aktiv zugehört und demzufolge nachgefragt. Das geht auch anders:

A: Ich war gestern schwimmen und da habe ich mir doch glatt einen Sonnenbrand geholt!
B: Du hast dir also wieder keine Sonnencreme eingesteckt.
A: Ich vergesse sie immer. Ich bin eben vergesslich.

Aktives Zuhören kann also nicht nur in Form einer Frage kommen, beispielsweise wie bei Nachfragen im Unterricht, sondern auch als Feststellung. Egal, ob Nachfrage oder Feststellung: Sie werden merken, dass die andere Person sich im Gespräch mit Ihnen wohler fühlt.

Ihnen ist sicher gerade etwas aufgefallen: Kinder sind Experten im aktiven Zuhören, ohne es zu wissen. Das ist so, weil wir aktives Zuhören eigentlich ziemlich unbewusst machen, jedoch eher mit Menschen, die wir gut kennen oder die wir sympathisch finden. Bei Kindern kommt das aktive Zuhören meist in Form von Nachfragen vor, wenn sie mit Erwachsenen reden. Wenn sie mit Gleichaltrigen sprechen, kommt es sehr auf das Alter an. Es kommt hier schon einmal öfter vor, dass Kinder ganz aneinander vorbeireden und fast schon auf unterschiedlichen Planeten reisen, obwohl sie gerade eigentlich miteinander spielen wollen. Dieser Schritt ist normal in der Entwicklung und das egozentrische Denken der Kleinen wird im Laufe der Zeit abnehmen. Wichtig ist, dass ihre Vorbilder ihnen ein aktives Zuhören vorleben, sodass sie lernen können, dass man auf den anderen hören muss, um wieder sprechen zu können.

Wie kann man Kindern gewaltfreie Kommunikation erklären?

Wenn man seinen eigenen Kindern oder seiner Klasse die gewaltfreie Kommunikation näherbringen möchte, gilt es, deren Regeln auch selbst zu befolgen. Das liegt daran, dass Kindern am besten von Erwachsenen lernen, besonders von Eltern, Lehrern oder anderen Familienmitgliedern wie großen Geschwistern.

Kommunikation ist immer entgegenkommend und darf niemals als Einbahnstraße betrachtet werden. Der erste Schritt, um Kinder die gewaltfreie Kommunikation näherzubringen, ist also, selbst gewaltfrei zu kommunizieren. Das mag besonders in hitzigen Situationen schwer sein, wenn mal wieder nicht aufgeräumt wurde oder Schimpfwörter benutzt wurden. Jedoch ist es hier wichtig, hartnäckig zu bleiben, weiterhin an sich selbst zu glauben und sich an die vier Schritte zu halten.

Der Weg, Kindern die gewaltfreie Kommunikation zu lehren, ist wie meist im Umgang mit Kindern mithilfe von einfachen, praktischen und bildhaften Beispielen am erfolgreichsten. Dabei können sich insbesondere Kuscheltiere, Zeichnungen, Lieder und andere kreative Schauspiele als hilfreich darstellen. Kinder lernen am schnellsten, wenn sie das Gelehrte mit etwas verknüpfen können, was sie bereits kennen und verstehen. Möchten Sie Ihren Kleinen also die gewaltfreie Kommunikation beibringen, tun Sie dies nicht auf abstrakte Art und Weise, sondern anhand alltäglicher Umstände. So können sich Ihre Kinder besser an die gewaltfreie Kommunikation gewöhnen und sich diesbezüglich schneller weiterbilden.

Übungen zur gewaltfreien Kommunikation

Als Eltern, Lehrer oder Bezugspersonen haben Erwachsene einen entscheidend großen Einfluss auf Kinder, der dazu führen kann, dass sich Kinder an ihrem Verhalten orientieren. Kinder lernen und beobachten ihre Eltern, Erzieher und Lehrer mit ausgesprochener Präzision.

Können Sie sich noch an ein Ereignis aus Ihrer Kindheit erinnern, das Sie geprägt hat? Ich musste sofort an folgende Situation aus meiner Kindheit denken:

Ich war eine absolute Nachteule und wenn ich morgens nicht aufstehen wollte, blieb ich einfach im Bett liegen. Eines Morgens lag ich mal wieder in meinem Hochbett. Als meine Mutter mich dazu bringen wollte, dass ich aufstehe, um mich für die Schule fertig zu machen, sagte ich, ich wünschte mir, ich hätte einen Fernseher an der Wand, dann könnte ich einfach im Bett liegen bleiben und Fernsehen schauen. Meine Mutter zuckte daraufhin mit den Schultern. „Okay, dann bekommst du einen Fernseher und kannst den ganzen Tag im Bett liegen bleiben. Wer braucht schon Freunde und Schule, nicht wahr?"

Ich schüttelte sofort mit dem Kopf und schmiss meine Decke von mir. „Ich stehe auf!"

Das war natürlich eher eine paradoxe Erziehungsweise und keine gewaltfreie Kommunikation, aber ich kann mich noch sehr gut an diese Situation erinnern, weil sie so gut widerspiegelt, wie ich erzogen wurde. Anstatt mir Hausarrest zu geben oder mich zu beschimpfen, zeigten mir meine Eltern eher in allen Situationen die Konsequenzen auf. Wenn man nur fernsieht, wird man das Leben draußen verpassen. Diese Vorstellung machte mir so viel Angst, dass ich sofort aufstand.

Also unabhängig davon, ob wir gewaltfrei erzogen wurden oder nicht: Wir werden uns immer an unsere Erziehung erinnern und sie kann dazu führen, dass wir uns in unserem Erwachsenenleben durch sie bestimmt fühlen. Ich habe es zum Beispiel immer sehr gut gefunden, keine Strafen zu bekommen. Anstatt putzen zu müssen oder in meinem Zimmer eingesperrt zu bleiben, sprachen meine Eltern respektvoll mit mir und brachten mir bei, so auch mit anderen umzugehen.

Als ich meine Mutter einmal darauf ansprach, wieso ich diese Strafen nie bekommen hatte, sagte sie: „Dein Vater hat Hausarrest bekommen, aber mit mir wurde immer nur als Kind vernünftig geredet. Wir wussten einfach, dass Strafen nichts bringen, weil sie nur zu Widerstand und Hass auf die eigenen Eltern führen. Wir wollten dich schließlich erziehen und nicht dressieren."

Als Vorbilder unserer Kinder und Schützlinge sollten wir also selbst die Philosophie der gewaltfreien Kommunikation verinnerlichen, anstatt unsere Kinder zu Übungen zu zwingen, die nur einen Effekt in die gegenteilige Richtung haben. Wir müssen an uns selbst arbeiten und den Umgang mit unseren Kindern ändern, damit sie diese Art der Kommunikation für sich mitnehmen können.

In den folgenden Unterkapiteln finden Sie Übungen für sich selbst, die die Kunst der gewaltfreien Kommunikation trainieren und Sie auf den Alltag vorbereiten. Hierzu sei jedoch auch gesagt, dass der Alltag selbstverständlich das beste Übungsfeld ist und Sie nicht erst darauf beharren sollten, die gewaltfreie Kommunikation perfekt zu beherrschen, bevor Sie sie anwenden.

Geben Sie einfach Ihr Bestes im Umgang mit Ihren Kindern und nehmen Sie die folgenden Übungen mit auf den Weg.

Am einfachsten ist es, wenn man sich an die vier Schritte nach Rosenberg hält. Jedoch können Sie frei entscheiden, wie Sie den Beginn Ihrer neuen Art des Kommunizierens angehen und was Sie als erstes tun möchten.

ÜBUNGEN ZUM ERSTEN SCHRITT: BEOBACHTEN

Im ersten Schritt geht es um die Beobachtung des Verhaltens oder der Situation. Wichtig ist, dass Sie die Beobachtung nicht mit Ihrer Bewertung verbinden, da dies bei anderen schnell zu Widerstand oder Abwehr führen kann.

Anbei finden Sie einige Sätze, die entweder eine reine Beobachtung oder eine Verknüpfung mit einer Bewertung darstellen. Kreuzen Sie die Sätze, die auch eine Bewertung sind, an oder notieren Sie sich die Zahlen der Sätze. Eine Lösung erwartet Sie am Ende dieses Kapitels.

Satz 1: Amelie war gestern grundlos sauer auf mich.
Satz 2: Max hat gestern eine halbe Stunde länger Computer gespielt als verabredet.
Satz 3: Lisa kommt immer zu spät nach Hause.
Satz 4: Sabrina ist ein gutes Kind.
Satz 5: Erst am Abend vor der Klassenarbeit beginnt Alex zu lernen.
Satz 6: Trotz dreimaliger Aufforderung, das Spiel zu beenden, hat Melissa weiter gezockt.
Satz 7: In den letzten drei Tagen ist Amelie vor Schulbeginn in der Schule gewesen.
Satz 8: Gestern haben sich die Kleinen unaufgefordert die Zähne geputzt.
Satz 9: Sein Zimmer ist das totale Chaos.
Satz 10: Die beiden streiten ständig.

Was ist in den Sätzen mit Bewertung schiefgelaufen? Formulieren Sie diese Sätze nun zu Beobachtungssätzen um.

Das Umdenken kann schwer sein und auch dazu führen, dass man seine eigenen Formulierungsweisen hinterfragt. Hat man bis hierhin alles richtig gemacht? Was ist, wenn man Fehler machen wird?

Keine Sorge. Fehler gehören dazu. Sich die Sprache der gewaltfreien Kommunikation anzugewöhnen, ist der schwerste Schritt des Prozesses.

Man muss lange üben, um diese Art der Kommunikation zu seiner eigenen zu machen. Haben Sie also Geduld mit sich selbst und üben Sie weiter.

Die Lösungen:
Lösung für die erste Aufgabe: Sätze ohne Bewertung: Sätze 2, 7 und 8
Sätze mit Bewertung: Sätze 1, 3, 4, 5, 6, 9 und 10

Lösungsbeispiel für die zweite Aufgabe:
Satz 1: Amelie hat gestern nicht mit mir gesprochen.
Satz 3: Lisa ist die letzten zwei Wochen jeden Abend später zu Hause gewesen als verabredet.
Satz 4: Sabrina räumt jeden Tag ihr Zimmer auf und bringt den Müll raus, wenn man sie fragt.
Satz 5: Alex hat am Dienstagabend angefangen, für die Klausur am Mittwoch zu lernen.
Satz 6: Melissa hat nicht aufgehört zu zocken, nachdem ich sie dreimal darum gebeten habe.
Satz 9: Auf dem Boden seines Zimmers sind schmutzige Klamotten zu sehen und auf seinem Schreibtisch liegt ein Stapel an Papier und Stiften.
Satz 10: Die beiden haben sich in den letzten Wochen mindestens zehnmal gestritten.

ÜBUNGEN ZUM ZWEITEN SCHRITT: GEFÜHLE

Im zweiten Schritt geht es genau wie im ersten auch um die genaue Beschreibung. Hier werden jedoch nicht die Umstände oder das Verhalten beschrieben, sondern die eigenen wahrnehmbaren und aktuellen Gefühle. Drückt man diese nicht klar aus, kann das Gegenüber nur gering auf sie eingehen oder wird sie gar nicht verstehen.

Die Wörter „Gut“ und „Schlecht“ sind hier erneut zu vermeiden, da sie ungenau und subjektiv sind.

Um diese Art der Kommunikation zu üben, schauen Sie sich die folgenden Sätze an und markieren Sie jene, die die eigenen Gefühle klar und verständlich ausdrücken. Eine Lösung folgt am Ende des Kapitels.

Satz 1: Ich habe das Gefühl, dass du mich nicht magst.
Satz 2: Ich bin traurig, dass du nicht zu Omas Geburtstag mitkommst.
Satz 3: Ich bekomme Angst, wenn du so etwas sagst.
Satz 4: Ich fühle mich nicht respektiert von dir.
Satz 5: Ich liebe dich.
Satz 6: Du bist so frech.
Satz 7: Ich habe das Gefühl, dass dir alles egal ist.
Satz 8: Ich bin so wütend.
Satz 9: Ich habe dabei ein gutes Gefühl.
Satz 10: Ich mag das, wie du mit deiner kleinen Schwester umgehst.
In diesem Zusammenhang ist anzumerken, dass Gefühle besser verstanden werden, je genauer sie sind. Zudem ist ein Vergleich mit Situationen, die das Kind bereits kennt, zu empfehlen. So kann es auch in jungen Jahren etwas komplexere Gefühle der Bezugspersonen verstehen.

Die Lösung:
Die Gefühle wurden klar geäußert in den Sätzen 2, 3, 5, 8 und 10.

ÜBUNGEN ZUM DRITTEN SCHRITT: BEDÜRFNISSE

Jedes Gefühl hängt unweigerlich mit einem Bedürfnis zusammen. Für einen selbst und für das Gegenüber ist es wichtig, dieses Bedürfnis zu kennen. Auch hier gilt wieder: Man kann es nur ändern oder verbessern, wenn man weiß, dass es ein Problem ist und worum es bei diesem explizit geht.

Schwer wird es dann, wenn man sich selbst nicht klar ist, welche Bedürfnisse nicht erfüllt werden. Im Gespräch kann man seine eigene Bedürfnislage hinterfragen. Dabei ist es nicht schlimm, ein Bedürfnis am

Anfang der Kommunikation zu nennen und dieses im Laufe des Austauschs oder an dessen Ende zu korrigieren, denn auch sich selbst kann man missverstehen.

Markieren Sie nun die Sätze der folgenden Liste, in denen Bedürfnisse klar und verständlich formuliert werden. Die Lösungen erwarten Sie wieder am Schluss dieses Kapitels.

Satz 1: Du musst früher anfangen zu lernen.
Satz 2: Bring den anderen Kindern Respekt entgegen und sie werden dich auch respektieren.
Satz 3: Ich möchte mich auf dich verlassen können.
Satz 4: Komm heute Abend pünktlich nach Hause.
Satz 5: Ich brauche deine Hilfe bei der Geburtstagsfeier.
Satz 6: Ich hätte gern mehr Zeit, um neben der Erziehung der Kinder etwas zu lernen.
Satz 7: Hör auf, so mit mir zu reden!
Satz 8: Ich möchte nicht immer von den Lehrern angerufen werden!
Satz 9: Lass deine Schwester in Ruhe!
Satz 10: Ich habe Hunger.

Die Lösung:
In den Sätzen 3, 4, 6, 8 und 10 werden die Bedürfnisse verständlich zum Ausdruck gebracht.

ÜBUNGEN ZUM VIERTEN SCHRITT: BITTE

Auch eine Bitte zu formulieren, ist nicht so einfach, wie man es sich vielleicht vorstellen mag. Eine Umgewöhnung von dem Stellen von Aufforderungen oder nahezu Befehlen von Bitten, die auf Freiwilligkeit beruhen und dem Gefragten die Möglichkeit lassen, sie abzulehnen, kann für einige Menschen eine Herausforderung darstellen.

Markieren Sie die folgenden Sätze, bei denen ausdrücklich um eine konkrete Handlung gebeten wird. Die Antworten finden Sie am Ende des Kapitels.

Satz 1: Ich möchte, dass du dich entschuldigst.
Satz 2: Kannst du bitte wiederholen, was ich dir gerade gesagt habe?
Satz 3: Kannst du bitte heute auf die Kleine aufpassen?
Satz 4: Hör bitte mit dem Rauchen auf.
Satz 5: Ich möchte, dass du mich verstehst.
Satz 6: Ich möchte gerne von dir hören, was du heute in der Schule erlebt hast.
Satz 7: Ich möchte nicht, dass du so laut bist.
Satz 8: Ich hätte es gerne, dass du mich anrufst, wenn du bei deinem Freund bleibst.
Satz 9: Respektiere bitte meine Privatsphäre.
Satz 10: Meine Bitte an dich: Räume ab jetzt bitte die Spülmaschine aus, wenn du mitbekommst, dass sie voll ist.

Je abstrakter eine Bitte formuliert wird, desto schwerer ist sie vom anderen auszuführen. Eine Bitte klar zu formulieren, kann Ihnen die Möglichkeit bieten, selbst zu wissen, was Sie genau wollen. Manchmal verhilft dies dazu, sich dem zentralen Bedürfnis erst bewusst zu werden.

Die Lösung:
Die Bitte wird klar formuliert in den Sätzen 2, 3, 6, 8 und 10.

Wie sollte man mit Fehlern umgehen?

Fehler können immer passieren. Selbst wenn man sich darauf besinnt, immer gewaltfrei mit anderen zu kommunizieren, ist man nicht gegen Fehler immun. Besonders in einer hitzigen Diskussion, die meist deshalb entsteht, weil beide Gesprächspartner nicht ganz ehrlich zueinander sind, kann es geschehen, dass man alle vier Schritte der gewaltfreien Kommunikation vergisst und laut wird. Was sollte man tun, wenn man dies bemerkt und wie sollte man damit umgehen, wenn andere gewaltvoll kommunizieren?

Wenn man sich selbst einmal vergisst, den anderen beschimpft und dies daraufhin bemerkt, sollte man kurz innehalten. Man sollte kritisch hinterfragen, was man gerade getan hat und welchen Grund dieses Handeln hatte. Man sollte sich fragen, wie man selbst darauf reagieren würde, wenn jemand in dieser Art und Weise mit einem gesprochen hätte. Kehrt man nämlich die Perspektive um und sieht man sich selbst als derjenige, mit dem man spricht, wird einem schnell klar, wieso andere manchmal aggressiver reagieren, als man dachte. Denn beachtet man einmal die andere Seite, stellt man schnell fest, dass Worte auch fehl am Platz sein können. Man sollte sich immer bewusst sein, dass Fehler passieren, nicht nur im Bereich der Kommunikation. Sie treten in allen Bereichen des Lebens auf. Wenn man mit dem Gedanken, man müsse perfekt sein, durch die Welt geht, wird man in keinem Moment seines Lebens wirklich glücklich sein können. Auch die Kommunikation kann fehlerhaft sein und das ist nicht schlimm. Wenn man einen Fehler an sich bemerkt hat, sollte man einen Schritt zurück machen und sich selbst für einen Moment beobachten. Was drückt man gerade aus? Was will man damit erreichen und wie ist die wahrscheinlichste Reaktion auf das, was man gerade gesagt hat? Auch und vielleicht sogar besonders, wenn man Kindern beibringen möchte, gewaltfrei zu kommunizieren, kann es sein, dass man sich selbst mal nicht an die Regeln hält. Alte Muster, besonders den Gebrauch der gewaltvollen Kommunikation, wird man schwer los. Man muss sich während der Versuche immer wieder an die Regeln und Vorsätze erinnern.

Wenn das Kind sich nicht an die Regeln hält, ist es förderlich, es genau darauf hinzuweisen. Zum Beispiel kann man diese Sätze sagen:

„Jetzt hast du sehr laut geredet."

„Wieso bist du jetzt wütend?"

„Bitte sage mir genau, was dich bedrückt, damit ich dir helfen kann." Das Miteinander ist der größte Teil der gewaltfreien Kommunikation und auf diesen sollte immer geachtet werden. Ein Fehler, der oft beim Training der Technik anfällt, ist es, sich „in sein eigenes Schneckenhaus zurückzuziehen". Hiermit ist gemeint, dass man so auf der Methodik besteht, dass man den anderen und die Einfühlsamkeit ganz vergisst. Man konzentriert sich also nur auf die vier Schritte der gewaltfreien Kommunikation, geht alles zehnmal in seinem Kopf durch und arbeitet die Schritte nach und nach ab, ohne auf den anderen zu achten.

Wenn man als Gegenüber dieses Verhalten beim anderen bemerkt, sollte man ihn darauf aufmerksam machen. Man könnte beispielsweise sagen: „Wie denkst du, dass mich das fühlen lässt?" oder „Bitte höre dir jetzt einmal meine Seite an."

Der Schlüssel zum Umgang mit Fehlern oder Aussagen, die der gewaltvollen Kommunikation ähnlich sind, ist, dass man immer wieder auf den Pfad der Gewaltfreiheit zurückfinden kann. Kein Fehler ist groß genug, um danach nicht mehr gewaltfrei kommunizieren zu können. Bemerkt man selbst seinen Fehler, kann man sich zudem entschuldigen.

„Entschuldigung, dass ich gerade laut geworden bin. Ich möchte, dass wir respektvoll miteinander umgehen."

Fehler gehören zur Kommunikation dazu und sind kein Weltuntergang. Man sollte dies auch seinen Kindern beibringen. Fehler dürfen immer gemacht werden. Wichtig ist nur, dass man sie danach einsehen und reflektieren kann.

Die vier Seiten jeder Äußerung und weshalb man sie beachten sollte

Als kleinen Bonus möchte ich Ihnen ein weiteres Modell vorstellen, welches die Wirkung einer Äußerung bildlich erläutert und auch dabei helfen kann, zu verstehen, wieso man gerade vielleicht missverstanden wurde.

Es geht um das Kommunikationsmodell nach Schulz von Thun. Dieses wird auch das Kommunikationsviereck genannt.

Gemäß diesem Modell hat jede Nachricht, die wir versenden oder empfangen, vier Seiten. Diese Seiten sind die Sachebene, die Beziehungsebene, die Appellebene und die Selbstoffenbarungsebene.

Mit diesen Ebenen hören wir eine Nachricht nicht nur als eine sachliche Information. Wir hören auch, wie andere zu uns stehen und was sie von uns erwarten. Und dies tun wir alles, ohne dass wir es bewusst bemerken.

Die Sachebene ist die Ebene, die am einfachsten zu verstehen ist, denn sie stellt das dar, was inhaltlich gesagt wird. Wenn man zum Beispiel sagt: „Du hast mich mit deiner Aussage sehr verletzt", ist die Sachebene also: Eine Person wurde von einer anderen mit ihrer Aussage verletzt.

Oft wollen Menschen nur mit dieser Ebene kommunizieren. Dies scheitert jedoch zumeist, da - auch wenn sie es nicht wollen – stets noch drei weitere Ebenen an dem Gesagten beteiligt sind.

Die Beziehungsebene ist eine manchmal mehr und manchmal weniger deutliche Ebene. Hier geht es darum, dass jede Nachricht, die versendet oder empfangen wird, etwas über die Beziehung des Sprechers zum Empfänger offenbart. Nehmen wir also erneut den Beispielsatz: „Du hast mich mit deiner Aussage sehr verletzt." Der Satz ist emotional geladen und wird wahrscheinlich eher unter Freunden oder Familienmitgliedern gesagt als unter Kollegen. Wenn man sehr verletzt durch eine Aussage ist, bedeutet das zumeist, dass man schon einmal miteinander geredet hat. Das sind also nicht die ersten Worte, die man miteinander spricht. Wenn man dies ausspricht, wird das Vertrauen gegenüber dem Gesprächspartner deutlich, da man sich mit der Aussage weiterhin verletzbar macht. Zuletzt kann man darauf schließen, dass es zu einem Konflikt oder einem schweren Gespräch kam, wenn die eine von der anderen Person verletzt wurde.

Bei der Appellebene geht es um den Appell, den man mit einer Aussage ausspricht. Man fordert demnach etwas. Vielleicht will man nur, dass sich jemand zum Gesagten äußert, Verständnis zeigt oder sich entschuldigt. Ein Witz, der erzählt wird, trägt den Appell in sich, danach über ihn zu lachen. Appelle versenden wir ebenfalls, ohne es zu wissen oder es zu wollen und diese Ebene ist die, die im Rahmen der gewaltfreien Kommunikation für Probleme sorgt. Bei ihr geht es darum, dass man klar sagt, was man möchte, was man braucht und worum man den anderen bittet. Man möchte folglich den Appell umschwenken. Der Appell soll nicht mehr sein: „Räum jetzt dein Zimmer auf", sondern „Bitte kommuniziere mit mir und lass uns respektvoll und einfühlsam miteinander umgehen".

Bei dem Satz „Du hast mich mit deiner Aussage sehr verletzt" ist der Appell zum Beispiel „Es ist angemessen, dass du dich jetzt entschuldigst und deinen Fehler einsiehst!" oder auch „Ich möchte noch einmal über unser Gespräch reden!".

Die letzte Ebene ist die Selbstoffenbarungsebene. Diese ist am schwersten nachzuvollziehen. Denn was offenbart man, wenn man sagt, man sei von der Aussage des anderen verletzt? Wohl genau das, oder? Doch hinter dieser Ebene steckt noch mehr. Man offenbart beim Beispielsatz auch, dass man tief getroffen wurde, dass man sich darüber Gedanken gemacht hat, dass man das Problem lieber direkt ansprechen möchte, als es nur da sitzen zu lassen. In der Selbstoffenbarung geht es also nicht wieder in die Sachebene. Hier geht es hinter die Kulissen. Ein Mensch, der sagt, er sei verletzt, ist bereit über seine Gefühle zu sprechen.

Manchmal hören wir nur die Appellebene und sehen kaum die Beziehungsebene. Das kann zu Missverständnissen und darauf aufbauend zu Konflikten führen. Man versteht zum Beispiel in einem Satz wie: „Gibst du mir mal bitte den Pfeffer rüber?" ein „Ich liebe dich nicht mehr."

Die vier Seiten der Nachricht können uns also erklären, wieso manche Sätze, auch wenn sie nett gemeint sind, eigentlich etwas ganz anderes sagen wollen.

Nehmen wir noch einmal das Beispiel aus dem Kapitel über Empathie:

A: Ich muss dir was erzählen. Heute bei der Arbeit habe ich erfahren, dass meine Kollegin Caro immer meine Joghurts aus dem Kühlschrank nimmt und sie selbst isst! Ist das zu glauben?
B: Sprich doch mal mit ihr darüber.
A: Habe ich ja versucht. Sie sagt einfach, sie wäre es nicht.
B: Dann geh doch zur Chefin.
A: Die ist im Urlaub.
B: Vielleicht solltest du erst einmal keine Joghurts mehr mit zur Arbeit bringen, bis die Situation geklärt ist.
A: Was? Wieso soll ich das denn machen? Weißt du, ich wollte einfach nur mit dir darüber reden und nicht, dass du mir irgendwelche Vorträge hältst!
B: Du hast doch aber gewollt, dass ich dir helfe, oder?
A: Nein, ich wollte, dass du mir einfach zuhörst!
A wollte sich nur inhaltlich etwas von der Seele reden. Ihr geht es also primär um die Sachebene. Aber auch die Beziehungsebene spielt in ihrer Aussage eine bedeutsame Rolle, da A ihrem Gegenüber ihre Problemlage anvertraut.

B hat hingegen in den Worten von A einen Appell gesehen: „Bitte sag mir, was ich tun kann, um das Problem zu lösen."

Da A auf einer anderen Ebene kommuniziert hat (Sach- und Beziehungsebene), ist sie nicht zufrieden mit den Ratschlägen, die sie bekommt, da sie nicht nach diesen gefragt hat.

B hat sie also missverstanden und tut dies auch weiterhin, da sie versucht, A immer mehr Ratschläge zu geben.

Die Kunst bei jedem Gespräch, das man führt, liegt also darin, dass man erkennt, auf welcher Ebene man kommunizieren will und ob diese Ebene auch beim anderen ankommt. Bemerkt man das Missverständnis, kann man es auch gleich ansprechen. So kann es zum folgenden Gesprächsverlauf kommen:

A: Ich muss dir was erzählen. Heute bei der Arbeit habe ich erfahren, dass meine Kollegin Caro immer meine Joghurts aus dem Kühlschrank nimmt und sie selbst isst! Ist das zu glauben?
B: Sprich doch mal mit ihr darüber.
A: Ich möchte gerade nicht beraten werden. Ich möchte einfach nur, dass du mir zuhörst, damit ich meinen Frust rauslassen kann.
B: Okay, dann leg mal los und erzähl mir, wie sich das alles genau zugetragen hat.

Die gewaltfreie Kommunikation und das Modell der vier Seiten einer Nachricht werden oft miteinander verbunden. Grund dafür ist, dass sie gemeinsam das Ziel haben, offen und ehrlich miteinander zu kommunizieren. Außerdem ergänzen sie sich. Die gewaltfreie Kommunikation bietet die klare Methodik und das Modell der vier Seiten erläutert genau, wieso man einander manchmal missversteht und wie man dies beheben kann.

Die Kommunikationsformeln To-Go: Wenn es mal schnell gehen muss

Die vier Schritte der gewaltfreien Kommunikation können dazu führen, dass man die Welt nicht mehr versteht und plötzlich denkt, man könne sich nicht mehr richtig ausdrücken. Um dieses Gefühl zu überwinden, sind hier einmal ein paar Hilfestellungen, um genau auf den Punkt zu bringen, was man meint und sagen möchte.
Alle vier Schritte in einem Satz: Wenn 1, dann 2, weil 3, deshalb 4.

1: Beobachtung (Was ist passiert, was hat der andere getan oder wie hat er sich verhalten?)
2: Gefühl (Was löst diese Handlung für ein Gefühl in einem aus?)
3: Bedürfnis (Durch welches unbefriedigte Bedürfnis wird dieses Gefühl ausgelöst?)
4: Bitte (Was muss getan oder erreicht werden, um das Bedürfnis zu befriedigen?)

Wertschätzung anstatt Kompliment oder Lob: Du hast 1 getan, dadurch habe ich mich 2 gefühlt, weil ich 3 brauchte.

1: Handlung, die einem geholfen hat
2: Gefühl, dass diese Handlung hervorgerufen hat
3: Bedürfnis, das durch Handlung befriedigt wurde

Wie man gewaltfrei kommuniziert und wie nicht: Eine Zusammenfassung

Was ist gewaltfreie Kommunikation und was ist sie nicht? Damit Sie die Themen der gewaltfreien Kommunikation nicht aus den Augen verlieren, folgt nun eine Zusammenfassung des im vorangegangen Text Erläuterten.

Nummer 1: Die gewaltfreie Kommunikation soll helfen, sich auszudrücken und sein Gegenüber respektvoll zu behandeln.

Nummer 2: Die gewaltfreie Kommunikation ist in vier Schritte aufgeteilt: Beobachten, Gefühle, Bedürfnisse und Bitten.

Nummer 3: In der gewaltfreien Kommunikation beleidigt und beschimpft man andere nicht. Zudem bewertet man das Verhalten anderer nicht.

Nummer 4: Die gewaltfreie Kommunikation stützt sich auf Einfühlsamkeit und die Hilfsbereitschaft. Menschen wollen zusammenleben und sich gegenseitig helfen. Dies wird in der heutigen Zeit häufig sowohl in der Arbeitswelt als auch in der Erziehung vergessen. Die gewaltfreie Kommunikation möchte diese Qualitäten wieder zum Leben erwecken und die ehrliche Kommunikation zwischen Menschen fördern.

Nummer 5: Auch mit Kindern kann man gewaltfrei in jeder Situation kommunizieren. Man achtet dabei auf die Freiwilligkeit der Kinder und begleitet sie durch schwere Situationen.

Nummer 6: Möchte man mit anderen gewaltfrei kommunizieren, ist es hilfreich, es auch mit sich selbst zu tun. Hier gilt es, den inneren Kritiker sowie den inneren Schweinehund beiseite zu schieben, um selbstständig und emphatisch mit sich selbst kommunizieren zu können.

Nummer 7: Wertschätzung hilft dabei, langfristig emotional

miteinander verbunden zu sein. Lob und Komplimente sorgen im Gegensatz dazu meist nur für ein kurzes Lächeln.

Es ist jedoch keine gewaltfreie Kommunikation, wenn man...:
- andere bewertet („Du bist ein schlechter Mensch.“).
- andere beschimpft („Du bist nutzlos!“).
- andere manipuliert („Ich bin ganz traurig, wenn du mir nicht bei den Hausaufgaben hilfst…“).
- anderen nicht zuhört.
- nicht auf die Gefühle der anderen Person achtet („Ist doch egal, was du denkst. Ich will das jetzt so machen.“).
- nicht ehrlich und offen ist oder sogar lügt.
- sich über die Gefühle anderer lustig macht.

So kommuniziert man gewaltfrei nach Rosenberg:
- Man hört dem anderen zu.
- Man sagt, was man meint.
- Man verzeiht sich selbst, wenn man Fehler macht.
- Man möchte Lösungen finden.
- Man kennt seine Grenzen und die der anderen oder man erfragt sie, um sie nicht zu überschreiten.
- Man geht in sich, um seine Bedürfnisse kennenzulernen.
- Man formuliert klare Bitten, Bedürfnisse, Gefühle und Beobachtungen.
- Man hilft anderen bei der Formulierung ihrer Gefühle, Bedürfnisse und Bitten, wenn sie nicht weiterkommen.
- Man ist emphatisch.

Quellen

Gewaltfreie Kommunikation von Marshall B. Rosenberg
www.gfk-info.de
www.soft-skills.com
www.psychotherapeutische-privatpraxis-duchene.de
www.hr.de
www.motivationswelten.de
www.eltern-onlinetraining.de
www.schulz-von-thun.de
YouTube: „Gewaltfreie Kommunikation mit Kindern“ von Glücksknirpse - Kindergesundheit und Familienglück
YouTube: „Gewaltfreie Kommunikation mit kleinen Kindern“ von wertebasiert wachsen

Wir danken Ihnen für Ihr Interesse und Ihr Vertrauen. Als Dankeschön dafür, haben wir eine besondere Überraschung. Wir haben **50 Übungen für Eltern und Kinder, die für mehr Stärke sorgen** exklusiv für Sie. Und diese erhalten Sie vollkommen kostenlos. Das klingt wunderbar? Dann warten Sie nicht lange und holen Sie sich Ihr Gratis-Geschenk.

Hier geht es zu Ihrem Gratis-Geschenk:

https://forms.gle/zVTX5m3TazCrN7Kt5

1. **Öffnen Sie die Kamera-App auf Ihrem Smartphone und richten Sie die Kamera auf den QR-Code.**
2. **Klicken Sie auf den Link, der Ihnen angezeigt wird und schon werden Sie zur Website weitergeleitet.**

Impressum

Herausgeber: Pegoa Global Media GmbH / Am Sandtorkai 27 / 20457 Hamburg
Kontakt: kontakt@pegoamedia.de
Coverbild: Shutterstock

Haftungsausschluss:
Die Nutzung dieses Buches und die Umsetzung der enthaltenen Informationen, Anleitungen und Strategien erfolgt auf eigenes Risiko. Der Autor kann für etwaige Schäden jeglicher Art aus keinem Rechtsgrund eine Haftung übernehmen. Haftungsansprüche gegen den Autor für Schäden materieller oder ideeller Art, die durch die Nutzung oder Nichtnutzung der Informationen bzw. durch die Nutzung fehlerhafter und/oder unvollständiger Informationen verursacht wurden, sind grundsätzlich ausgeschlossen. Rechts- und Schadenersatzansprüche sind daher ausgeschlossen. Dieses Werk wurde sorgfältig erarbeitet und niedergeschrieben. Der Autor übernimmt jedoch keinerlei Gewähr für die Aktualität, Vollständigkeit und Qualität der Informationen. Druckfehler und Falschinformationen können nicht vollständig ausgeschlossen werden. Es kann keine juristische Verantwortung sowie Haftung in irgendeiner Form für fehlerhafte Angaben vom Autor übernommen werden. Die bereitgestellten Analysen, Vorschläge, Ideen, Meinungen, Kommentare und Texte sind ausschließlich zur Information bestimmt und können ein individuelles Beratungsgespräch nicht ersetzen. Alle Informationen dieses Buches entsprechen dem Kenntnisstand zum Zeitpunkt des Verfassens dieses Buches. Eine Haftung für mittelbare und unmittelbare Folgen aus den Informationen dieses Buches ist somit ausgeschlossen.
Informieren Sie sich weitläufig aus unterschiedlichen Quellen und bedenken Sie, dass am Ende nur Sie für die Entscheidungen verantwortlich sind.

Haftung für externe Links:
Unser Angebot enthält Links zu externen Websites Dritter, auf deren Inhalte wir keinen Einfluss haben. Deshalb können wir für diese fremden Inhalte auch keine Gewähr übernehmen. Für die Inhalte der verlinkten Seiten ist stets der jeweilige Anbieter oder Betreiber der Seiten verantwortlich. Die verlinkten Seiten wurden zum Zeitpunkt der Verlinkung auf mögliche Rechtsverstöße überprüft. Rechtswidrige Inhalte waren zum Zeit-punkt der Verlinkung nicht erkennbar.